DUMONT
DIREKT

Edinburgh

Matthias Eickhoff

Inhalt

Das Beste zu Beginn
S. 4

Das ist Edinburgh
S. 6

Edinburgh in Zahlen
S. 8

Was ist wo?
S. 10

Augenblicke
Livemusik
S. 13
Krokodilrücken
S. 14
Das Leben ist ein Festival!
S. 16

Ihr Edinburgh-Kompass
15 Wege zum direkten Eintauchen in die Stadt
S. 18

1 Wachposten über der Altstadt – **Edinburgh Castle**
S. 20

2 Königlich und quirlig – **Castlehill und Lawnmarke**
S. 25

3 Heilige Kirche und gruselige Untergrund – **rund um St. Giles'**
S. 30

4 Über das Ende der Welt hinaus – **High Street und Canongate**
S. 34

5 Von Maria Stuart bis Elizabeth II – **Palace of Holyroodhouse**
S. 37

6 Auf dem Weg in die Unabhängigkeit? – **Scottish Parliament**
S. 41

7 Highlands in der Stadt – **Arthur's Seat und Duddingston**
S. 45

8 Schottischsein – **National Museum of Scotland**
S. 48

9 Hier spielt nicht nur die Musik – **Lothian Road und Tollcross**
S. 52

10 Shoppingmeile mit Aussicht – **Princes Street**
S. 55

11 Georgianische Pracht – **die New Town**
S. 59

12 Grüner Wanderweg – **Water of Leith Walkway**
S. 63

13 Athen des Nordens – **Calton Hill**
S. 67

14 Hafencity im Umbruch – **Leith**
S. 70

15 Königliche Fähre und imposante Brücken – **South Queensferry**
S. 74

Literarische Spurensuche
S. 80

Pause. Einfach mal abschalten
S. 84

In fremden Betten
S. 86

Satt & glücklich
S. 90

Stöbern & entdecken
S. 98

Wenn die Nacht beginnt
S. 104

Hin & weg
S. 110

O-Ton Edinburgh
S. 114

Register
S. 115

Abbildungsnachweis, Impressum
S. 119

Kennen Sie die?
S. 120

Das Beste zu Beginn

Zuerst ein Fest für die Augen
Die Princes Street Gardens sind ideal, um die Stadtbesichtigung zu beginnen. Von hier können Sie die Skyline der historischen Altstadt mit dem beherrschenden Castle in aller Ruhe genießen. Lassen Sie diesen schönen Anblick, mit dem Edinburgh Sie begrüßt, einfach auf sich wirken.

Das Castle ist ein Muss!
Edinburgh Castle ist von vielen Punkten in der Stadt zu sehen – das wehrhafte Ensemble ist die meistbesuchte Touristenattraktion Schottlands und zugleich der Ausgangspunkt für die Royal Mile. Es birgt die schottischen Kronjuwelen, und von den Wehrmauern bietet sich ein perfekter Blick bis hinaus über den Firth of Forth.

Königlicher Bummel
Auf der Royal Mile zwischen dem wehrhaften Castle und dem königlichen Palast von Holyrood zeigt sich die Old Town von ihrer Schaufensterseite. Interessante Museen und Kirchen laden zum Besuch, Straßenkünstler sorgen für Abwechslung und nicht nur Souvenirkitsch lässt sich hier kaufen.

Gruseliger Untergrund
Nur wenige Meter jenseits der Prachtbauten an der Royal Mile ist das bunte Treiben vergessen: Zugemauerte, vergessene Gassen und düstere Gewölbekeller zeigen eine andere, eine dunkle Seite von Edinburgh. Robert Louis Stevenson befand, die Stadt führe ein Doppelleben. Die Touren in die Unterwelt sind oft amüsant, doch ein wenig gruselfest sollten Sie schon sein.

Mit Whisky und Fiddle
Die Pubkultur gehört in Edinburgh zum täglichen Leben fest dazu. Gehen Sie wie viele Schotten abends auf ein Pint in die Kneipe oder probieren Sie einen *wee dram* (kleinen Schluck) von Schottlands Nationalgetränk, dem Whisky. Dazu gehört oft Live-Folkmusik mit *fiddle* und Akkordeon. In einem Pub kommen Sie auch schnell mit anderen Gästen ins Gespräch.

Die Weltstadt der Literatur
J. K. Rowlings Zauberlehrling Harry Potter erblickte in Edinburgh das Licht der Welt, Ian Rankins grantiger Ex-Polizist Rebus kämpft unermüdlich gegen die Mächte der Unterwelt, Walter Scott entwickelte hier die heute noch so beliebten Historienromane – J. K. Rowling sagte einmal: »Es ist unmöglich, in Edinburgh zu leben, ohne ständig das literarische Erbe zu spüren.«

!

Das Leben ist ein Festival
Edinburgh = Festivals – das gilt besonders für den August. Bühnenshows, Straßentheater, Konzerte, das bunte Spektakel des Royal Edinburgh Military Tattoo: Die Einwohnerzahl der Stadt verdoppelt sich, die Stimmung wandelt sich, alles ist auf Kultur eingestellt, die Stadt wird zur Bühne. Ein Highlight sind auch die Hogmanay-Feiern zu Silvester, dem wichtigsten Fest des Jahres. Kehrseite der Festivalsaison: Unterkünfte sind rar und sehr teuer.

Unabhängig oder nicht
Seit Jahren diskutieren die Schotten ihre staatliche Zukunft ... und seit dem Unabhängigkeitsreferendum 2014, sowie dem Brexit-Referendum 2016 hat die Diskussion auch die Weltöffentlichkeit erreicht. Der Ort, wo offiziell darum gerungen wird, ist das schottische Parlament in Holyrood, ein gewagter, ungewöhnlicher Bau, der allein schon einen Blick wert ist. Und gleich gegenüber der Kontrapunkt, der Holyrood-Palast – der schottische Amtssitz Ihrer Majestät, der Queen.

Seit ich in Schottland gelebt habe, fasziniert mich die Hauptstadt mit ihrer greifbaren Geschichte, dem malerischen Setting und einer lebhaften, engagierten Kulturszene – und dennoch angenehmer Gemütlichkeit. Langweilig wird es hier nie.

Fragen? Erfahrungen? Ideen?

Ich freue mich auf Post.

@ *Mein Postfach bei DuMont:*
m.eickhoff@dumontreise.de

Das ist Edinburgh

Edwins Burg, Athen des Nordens, Auld Reekie – Edinburgh hat über die Jahrhunderte viele Beinamen erhalten, mal mit mehr Berechtigung, mal mit weniger. Doch eines ist die Halb-Millionen-Metropole ganz unbestritten: Schottlands Hauptstadt mit dem Anspruch, das Land zu repräsentieren. Nach langer politischer Abstinenz ist Edinburgh durch das 1999 wiedereröffnete Parlament zu Beginn des 21. Jh. zunehmend selbstbewusst und befindet sich derzeit wie das gesamte Land in einer Phase des Umbruchs und der Neubestimmung.

Filmreife Schaubühne

Wenn man mit dem Flughafenbus oder der Tram zur Princes Street gelangt, fallen sie sofort ins Auge: Panoramen, so überwältigend wie überraschend. Hinunter wandert der Blick in die Princes Street Gardens und wieder hinauf zu den Gebäuden des Burgbergs, die wie eine Stadtmauer wirken. Von der George Street in der New Town schweift der Blick über die schnurgerade Schneise der Dundas Street zum blaugrau schimmernden Wasser des Firth of Forth, abwärts wie in den Straßen von San Francisco. Hoch schwingen sich die Brücken über tiefe Täler, hoch türmen sich Stockwerke um mittelalterliche *closes,* hoch recken sich die Klippen der Salisbury Crags über das weiße Zeltdach von Dynamic Earth. Es ist, als posierten die eleganten georgianischen Fassaden, neogotischen Turmsymphonien und Festungsmauern der Burg für ein grandioses Fotoshooting.

Schottland im Brennglas

Aufgrund seiner zentralen politischen und kulturellen Bedeutung präsentiert Edinburgh das kleine Land im Norden der britischen Inseln wie durch ein Brennglas: Das Parlament verschafft der Stadt auf politischer Ebene inzwischen auch internationale Aufmerksamkeit, die Queen residiert in Schottland gleich nebenan im Holyrood-Palast, während das Nationalmuseum und die Nationalgalerien exquisite Museumsadressen sind, die den künstlerischen Reichtum des Landes zur Schau stellen.

Boomtown nach schwierigen Zeiten

In den 1970er- und 1980er-Jahren dämmerte Edinburgh ein wenig vor sich hin, doch spätestens die Wiedereröffnung des Parlaments hat der schottischen Hauptstadt neues Leben eingehaucht. Seither hat sich viel getan: Am unteren Ende der Royal Mile entstand ein neues Parlaments- und Medienviertel, und auf den Hafenbrachen von Leith herrscht ein Bauboom. Den Aufschwung konnte auch die Banken- und Finanzkrise von 2008/09 nicht mehr stoppen. Und das, obwohl seither die Royal Bank of Scotland nicht mehr privat, sondern mehrheitlich in Staatsbesitz ist. Der Traum eines eigenständigen schottischen Bankensektors, der die Unabhängigkeit finanzieren könnte, platzte damals ganz abrupt. Aber noch immer sind Banken und Versicherungen der größte Arbeitgeber einer Stadt, die auf dem Immobilienmarkt als zweitteuerste Großbritanniens nach London gilt.

Traditionsbewusst im Kilt auf dem Weg zu einer Hochzeit

Haggis und Zitronengras

Die Entwicklung auf dem kulinarischen Sektor in den letzten 30 Jahren ist atemberaubend. Ob in stylishen Bars oder Gourmettempeln der Innenstadt oder in maritim-trendigen Bistros in Leith – neben der internationalen Fusion-Küche feiert eine modern interpretierte schottische Küche große Erfolge. Sehr beliebt sind das heimische Angusrind, Lammfleisch aus den Borders oder Meeresfrüchte von der Westküste. Auch selbst gebrautes Craft Beer wird immer beliebter und schottischer Whisky ist ohnehin ein weltweit bekanntes Qualitätsprodukt. Aber natürlich gibt es noch immer die klassischen Fish 'n' Chips.

Eine Frage des Stils

Niemand wird in Edinburgh einen Kulturschock erleben. Aber ein paar Punkte sollten Sie beachten: Ganz oben steht die Erkenntnis, dass Schotten keine Engländer sind und partout nicht mit ihren Nachbarn verwechselt werden wollen. Maximal sehen sich die Schotten als Briten, und selbst dieses Wir-Gefühl hat in den letzten Jahren deutlich abgenommen. *Queueing* aber – also Schlangestehen – ist an Bushaltestellen noch immer populär, da alle vorne beim Fahrer nacheinander einsteigen müssen. Übrigens ist es nicht zuletzt der eng getaktete Busverkehr, der die Stadt am Laufen hält. In der Unterkunft, im Museum oder auch im Pub wird man gerne in Small Talk verwickelt, da die Schotten allgemein sehr freundlich sind. Ein paar enthusiastische Worte über Edinburgh und Schottland und schon sind Sie mitten im Gespräch. Wichtiges Thema dabei ist das Wetter. Der Komödiant Billy Connolly sagte dazu einmal, es gebe in Schottland nur zwei Jahreszeiten: Juni und Winter.

Edinburgh in Zahlen

0
Pfund kostet der Eintritt ins Nationalmuseum und in die Nationalgalerien.

1
Queen – es kann nur eine geben.

3,6
% der Menschen in Edinburgh sind offiziell arbeitslos (2018).

19
Bögen tragen Edinburghs versteckteste Brücke, die South Bridge.

22
Fälle durfte Ian Rankins grantiger Polizisten-Antiheld Rebus in Edinburgh bereits lösen.

40
% Alkohol hat ein schottischer Single Malt Whisky mindestens.

74,4
% der Edinburgher stimmten 2016 für den Verbleib in der EU.

129
Abgeordnete gibt es im schottischen Parlament.

200
kg, fast, wog eine Kugel der mittelalterlichen Monsterkanone Mons Meg.

251
m hoch ist Edinburghs höchster Berg: Arthur's Seat.

264

km^2 groß ist die Stadtfläche.

287

sehr schmale Stufen sind es hinauf zum Scott Monument.

35 000

Studierende sind allein an der University of Edinburgh eingeschrieben, der größten Uni der Stadt.

50 000

Aufführungen gibt es im August beim Fringe Festival.

67 144

Zuschauer passen ins Murrayfield Stadium.

485 000

Einwohner hat Edinburgh, das sind rund 100 000 weniger als Schottlands größte Stadt Glasgow.

1 600 000

ausländische Gäste besuchen die schottische Hauptstadt pro Jahr.

2 500 000

Tickets werden jährlich bei den August-Festivals verkauft.

6 500 000

Bolzen wurden beim Bau der Forth Rail Bridge – jetzt UNESCO-Welterbe – verwendet.

14

Jahre harrte der Hund Greyfriars Bobby am Grab seines Herrchens aus.

Was ist wo?

Edinburgh ist eine Stadt mit vielen Gesichtern: Die Altstadt atmet mit jeder Pore Geschichte, die Neustadt versprüht Eleganz, während rundum lebendige Studenten- und Szeneviertel, ja sogar sogenannte *urban villages* liegen. Dazu kommen ein Berg und die Küste mit dem aufstrebenden Leith und dem schmucken South Queensferry.

Erster Überblick

Die Stadt gliedert sich in mehrere Bereiche, die zum Teil durch tiefe Täler voneinander getrennt sind. Die zentrale Old Town wurde durch mehrere Brücken mit der New Town und den südlichen Vororten quasi ebenerdig verbunden. Die City – sowohl Alt- wie Neustadt – ist dadurch relativ kompakt und lässt sich sehr gut zu Fuß bewältigen. Für größere Strecken, z. B. zum Botanischen Garten, nach Leith oder nach South Queensferry, muss man auf einen Bus zurückgreifen (günstige Day Tickets). Die neue Tram eignet sich primär für Fahrten von/zum Flughafen im Westen der Stadt.

Old Town und Southside

An der **Royal Mile** (🕮 Karte 2, G 5–K 4) und in ihrer unmittelbaren Umgebung liegen die bedeutendsten historischen Sehenswürdigkeiten wie **Edinburgh Castle, St. Giles' Cathedral, Palace of Holyroodhouse,** aber auch das neue **Parlament.** Das Zentrum des touristischen Lebens säumen Souvenirläden, Whiskygeschäfte, Boutiquen, Cafés, Pubs und Restaurants. Erstaunlich ist, dass trotz der Touristenmassen das magische Flair noch nicht verloren gegangen ist. Tagsüber buhlen Straßenkünstler um ihr Publikum, abends verlagert sich das Geschehen in die Pubs, wo auch Livemusik wartet, vor allem Folk.
Etwas südlich – jenseits des tief liegenden Cowgate – sind in der **Southside** am Beginn des Univiertels das **National Museum of Scotland** (🕮 H 6) sowie der **Greyfriars Kirkyard** (🕮 H 6) wichtige Besuchsziele.

New Town

Nördlich der Altstadt erstreckt sich um die **Einkaufsstraßen Princes Street** (🕮 Karte 2, F-H 4/5) und **George Street** (🕮 Karte 2, F/G 4) die **New Town** aus dem 18. Jh., das größte geschlossene Bauensemble aus georgianischen Zeiten. Das **Georgian House** (🕮 Karte 2, F 4) vermittelt einen guten Einblick in das herrschaftliche Leben vor 200 Jahren. Die **Scottish National Gallery** (🕮 Karte 2, G 4/5) ist ein wahrer Kunsttempel. Shoppen können Sie in Kaufhäusern und Edelboutiquen und sich danach in trendigen Bars, Cafés und Restaurants erholen, aber auch rustikale Pubs besuchen. Nördlich der Queen Street Gardens liegen sehr angesagte Wohnviertel, die im 19. Jh. die New Town erheblich erweiterten. Am östlichen Rand sind **Broughton** (🕮 Karte 3, D 3) und der **Leith Walk** (🕮 J/K 1-3, Karte 3, D 3) populäre Szeneviertel mit hohem Ausgehfaktor.

Water of Leith

Entlang des kleinen Bachlaufs **Water of Leith** sind die beiden malerischen Vororte **Stockbridge** (🕮 E/F 3) und **Dean Village** (🕮 D/E 4) sehr adrett. Während Ersterer sich sehr lebendig mit vielen Cafés, Bistros und Shops präsentiert, geht es im zweiten *urban village* sehr ruhig zu.
Lohnende Ausflugsziele im Umfeld des Flusslaufs sind der **Royal Botanic Garden** (🕮 E/F 1–3) sowie, mit ihren beiden Häusern Modern One und Modern Two, die **Scottish National**

Gallery of Modern Art (🕮 C/D 4/5). Alle Attraktionen sind durch den **Water of Leith Walkway** bequem für Fußgänger miteinander verbunden.

Calton Hill und Arthur's Seat

Die zwei bekanntesten Hügel der Hauptstadt sind hervorragende Aussichtspunkte, aber sehr unterschiedlich. Der eher kleine Denkmalhügel **Calton Hill** (🕮 Karte 2, J/K 3/4) östlich der Princes Street wurde zu Beginn des 19. Jh. zu einer Art neogriechischem Freilichtmuseum umgestaltet. Weil er zentrumsnah liegt, ist der Aufstieg problemlos möglich.
Der 251 m hohe **Arthur's Seat** (🕮 L/M 6) im Holyrood Park ist da schon eine größere Herausforderung. Der Vulkankegel dominiert zusammen mit dem Castle die Skyline von Edinburgh. Obwohl mitten in der Stadt, ist er doch eine Mittelgebirgswelt für sich. Am Südhang ist **Duddingston** (🕮 N/O 7) ein nahezu ländliches Dorfidyll mit botanischem Garten und schilfbewachsenem See.

West End, Tollcross und Bruntsfield

Entlang der verkehrsreichen **Lothian Road** (🕮 F 5/6), die ab Tollcross in die Home und Leven Street übergeht, konzentrieren sich anspruchsvolle Theater und Kinos sowie Pubs unterschiedlicher Natur. Weiter im Süden schließt sich das Szeneviertel **Bruntsfield** (🕮 F/G 7) an. Unterwegs reihen sich zahlreiche bunt angemalte Fachgeschäfte sowie kleine Cafés und Bistros.

Forth-Küste

Auch die Edinburgher Küstenvororte am Firth of Forth sind sehr unterschiedlich geprägt: **Portobello** (🕮 Karte 3, D/E 3) im Osten ist ein ehemaliges Seebad, **Leith** (🕮 Karte 3, D 2/3, Karte 4) war früher Hafen, ist jetzt aber ein angesagtes Ausgehviertel mit sehr guten Restaurants. Der historische Fährort **South Queensferry** (🕮 Karte 3, B 2) im Westen hingegen steht ganz im Zeichen von drei mächtigen Brücken. Die berühmte rote **Forth Rail Bridge** wurde im Jahr 2015 sogar zum UNESCO-Welterbe ernannt.

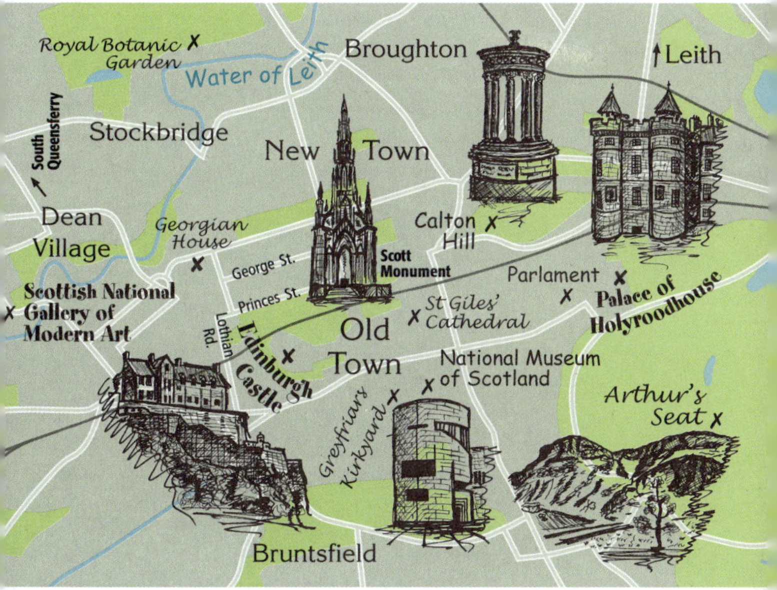

Augenblicke

Livemusik

Jeden Abend Livemusik, das gilt für viele Pubs in Edinburgh. Wie hier im Folkpub Sandy Bell's treffen ab etwa 21 Uhr die Musiker ein, packen ihre Instrumente aus und beginnen zu spielen. Beliebt sind Blues, Jazz und Rock. Geht es um Folkmusik, stimmen die schottischen Gäste gerne mit ein, denn Folksongs sind in Schottland sehr beliebt.

Krokodilrücken

Edinburgh ist eine Stadt für fantastische Panoramablicke. Von vielen Punkten aus lässt sich der Blick auf die beeindruckende Skyline der Altstadt genießen. Vom Calton Hill aus erkennt man besonders gut, wie sich die Old Town einem Reptilrücken gleich gen Westen zum Edinburgh Castle hin erhebt. Machen Sie es wie die Edinburgher: Setzen Sie sich einfach ins Gras und bewundern Sie die Aussicht!

Das Leben ist ein Festival!

In Edinburgh ist der August vollgepackt mit kulturellen Überraschungen. Auch wer keine Bühnenshow besuchen möchte: Auf der Royal Mile tummeln sich im Sommer fast zu jeder Tageszeit Akrobaten, Straßenkünstler und Musiker und unterhalten das Publikum. Sie müssen ja nicht gleich in die Luft gehen!

Ihr Edinburgh-Kompass

WOMIT FANGE ICH AN?

#1

Wachposten über der Altstadt – **Edinburgh Castle**

KRONE, KÄMPFER, KLETTERER

#2

Königlich und quirlig – **Castlehill und Lawnmarket**

Weitblick trotz Whisky

#3

Heilige Kirche und gruseliger Untergrund – **rund um St. Giles'**

Schauplatz für schräge Geschichten

#15

Königliche Fähre und imposante Brücken – **South Queensferry**

! ACHTES WELTWUNDER

#14

Hafencity im Umbruch – **Leith**

EINE NEUE »STADT AM MEER«

#13

Athen des Nordens – **Calton Hill**

Von Helden und Sternguckern

#12

Grüner Wanderweg – **Water of Leith Walkway**

VOM BOTANISCHEN GARTEN ZUM URBAN VILLAGE

#4

Über das Ende der Welt hinaus – **High Street und Canongate**

#5

Von Maria Stuart bis Elizabeth II. – **Palace of Holyroodhouse**

#6

Auf dem Weg in die Unabhängigkeit? – **Scottish Parliament**

#7

Highlands in der Stadt – **Arthur's Seat und Duddingston**

#8

Schottischsein – **National Museum of Scotland**

#9

Hier spielt nicht nur die Musik – **Lothian Road und Tollcross**

#10

Shoppingmeile mit Aussicht – **Princes Street**

#11

Georgianische Pracht – **die New Town**

#1

Wachposten über der Altstadt – **Edinburgh Castle**

Schottlands meistbesuchte Sehenswürdigkeit wirkt fast wie ein eigener Stadtteil, der sich wehrhaft über Edinburgh erhebt. Hier werden Schottlands Kronjuwelen und der Krönungsstein, der Stone of Destiny, aufbewahrt. Die Museen erinnern an kriegerische Zeiten, während die Wehrmauern an vielen Punkten grandiose Panoramablicke über die Stadt bis zum Firth of Forth ermöglichen.

Bei diesen Blitzen über dem Edinburgh Castle erübrigt sich die Frage, woher J. K. Rowlings ihre Inspiration für die Zauberschule Hogwarts genommen hat, oder?

Weil Edinburghs Burg auf einem markanten Felsvorsprung am oberen Ende der Royal Mile thront, wirkt die Anlage von unten sehr beeindruckend und mächtig. Schon bei Krimiautor Ian Rankin heißt es im Rebus-Krimi »Im Namen der Toten«:

»Die Burg dominierte die Skyline von Edinburgh (…) Der Vulkanfelsen war steil und schien uneinnehmbar.«

Heiß umkämpft

Besiedelt war der Vulkanfelsen womöglich schon während der Bronzezeit, doch erst der schottische König Malcolm III. Canmore und seine Frau Margaret machten ihn in der zweiten Hälfte des 11. Jh. zu einer königlichen Residenz.

Durch die Jahrhunderte war das Gebäudeensemble immer wieder heiß umkämpft, doch die steilen Felsflanken machten erfolgreiche Attacken nahezu unmöglich. Nur 1313 gelang es entschlossenen Anhängern des schottischen Königs Robert the Bruce, über die Felsen nach oben zu klettern und die englische Besatzung zu überrumpeln. Damit machten sie den Weg frei für den legendären Sieg von Bruce über die Engländer ein Jahr später, der die schottische Unabhängigkeit langfristig sicherte.

Wehrhafte Mauern

Von der **Esplanade** 1, dem weitläufigen Platz vor dem Eingang der Burg mit tollem Blick über die Stadt, durchschreitet man zunächst das **Gatehouse** 2 aus dem 19. Jh. Rechts und links des Durchgangs wachen die Nationalhelden des 13./14. Jh., Robert the Bruce und William Wallace, der als »Braveheart« von Mel Gibson 1995 zum Kinostar gemacht wurde.

Zur Rechten können Sie dann die Tickets erstehen, auch das Besucherzentrum befindet sich dort, bevor es zur Ticketkontrolle am schmalen **Portcullis Gate** 3 geht. Das einstige Haupttor der Festung stammt teilweise noch aus dem 16. Jh.

Jenseits des Portcullis Gate ist die Freifläche der **Argyle Battery** 4 aufgrund der sechs Kanonen auch als **Six Gun Battery** bekannt. Bevor Sie weitereilen, sollten Sie von hier erst mal den wunderbaren Blick über die Princes Street und die New Town hinweg zum Firth of Forth und weiter in die Grafschaft Fife genießen.

Nur mit guten Augen lässt sich erkennen, dass nordöstlich auf dem Nelson Tower auf dem Calton Hill (► S. 67) um 13 Uhr, zeitgleich mit dem Kanonendonner der **One O'Clock Gun** 5 vor dem **Red Coat Café** 1, eine kleine Kugel, der Time Ball,

Ü ÜBRIGENS

Kein Spektakel ist so eng mit dem Edinburgh Castle verbunden wie das **Royal Edinburgh Military Tattoo** jedes Jahr im August auf der **Esplanade** 1 vor dem Edinburgh Castle, die dann fast vollständig mit Tribünen bebaut ist. Highlight sind drei Wochen lang die allabendlichen Auftritte von militärischen Dudelsackbands, von Tänzerinnen und Sängern sowie Gastgruppen aus aller Welt. Die begehrten Tickets gibt es bereits ab Dezember für die kommende Saison: www.edintattoo.co.uk.

hinabfällt. Zusammen dienten das akustische und das optische Signal ab 1861 den Seeleuten im Hafen von Leith dazu, ihre Uhren präzise stellen zu können. Die Kanone wurde eingesetzt, weil bei schlechtem Wetter der Time Ball in Leith nicht mehr zu sehen war.

Königliche Heilige

Auf dem weiteren Weg bergan passieren Sie zur Rechten u. a. das Governor's House und die **New Barracks** 6. Dieses recht unansehnliche Kasernengebäude ist heute ein Regimentshauptquartier.

Zur Linken geht es bergan durch das Foog's Gate zur höchsten Ebene des Burgfelsens. Die

INFOS/ÖFFNUNGSZEITEN

Edinburgh Castle: Castlehill, T 0131 225 98 46, www.edinburghcastle.scot, tgl. April–Sept. 9.30–18, Okt.–März 9.30–17 Uhr, letzter Einlass 1 Std. vor Schließung, 18,50/15 £, 5–15 Jahre 11,50 £. In der Hauptsaison kann sich eine Online-Buchung lohnen, um die manchmal langen Warteschlangen am Ticketschalter zu vermeiden. Gegen ein Aufgeld lassen sich auch Audioguides auf Deutsch ausleihen. Sie werden hinter dem Eingang am Portcullis Gate ausgegeben. Dort starten auch regelmäßig kostenlose Führungen durch die Burg.

KULINARISCHES FÜR ZWISCHENDRIN

In der Burg gibt es an der One O'Clock Gun das **Redcoat Café** 1 (Öffnungszeiten wie Edinburgh Castle, warme Küche 11.30–14 Uhr) und am Crown Square die **Tea Rooms** 2, sodass für das leibliche Wohl mit Kuchen, Sandwiches etc. ausreichend gesorgt ist.

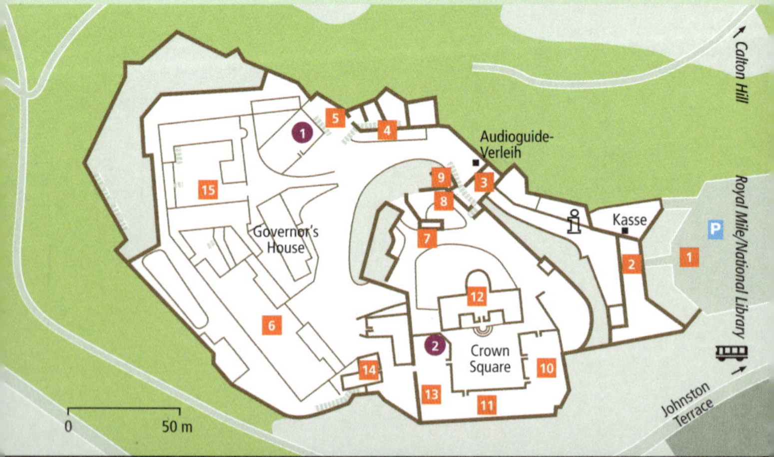

Cityplan: Karte 2, F/G 5 | **Bus** 23, 27, 41, 42, 67 Royal Mile/National Library of Scotland

Schotten pflegen auch im Ausland ihre Traditionen und besuchen ›ihre‹ Hauptstadt – hier Mitglieder der US-amerikanischen Clan Wallace Society mit einer Musikperformance im Schatten der Burg.

kleine unscheinbare Kapelle zur Linken ist das älteste erhaltene Gebäude Edinburghs: Die schlichte **St. Margaret's Chapel** 7 wurde um 1130 von König David I. errichtet, um seine Mutter Königin Margaret zu ehren. Die Engländerin wurde in Ungarn im Exil geboren. Als schottische Monarchin holte sie u. a. Klosterorden ins Land und baute Edinburgh und Dunfermline als Königssitze aus. Für ihre Kirchentreue wurde sie 1249 heiliggesprochen.

Just vor der Kapelle wurde die angeblich größte mittelalterliche Kanone postiert: **Mons Meg** 8, Mitte des 15. Jh. im belgischen Mons gefertigt.

König und Königin, Krone und Kronjuwelen

Nun aber hinauf zum **Royal Palace** 10 (Königspalast) am Crown Square. Zu sehen sind links in zwei separaten Bereichen die schottischen Kronjuwelen sowie die Gemächer von Maria Stuart.

Eine Wendeltreppe führt zunächst ein Stockwerk hinauf. In der Ausstellung **The Honours of Scotland** stellen Puppen wichtige Stationen aus der Geschichte der Kronjuwelen nach, angefangen mit der Krönung des legendären Freiheitskämpfers Robert the Bruce 1306. Zepter und Schwert waren 200 Jahre später ein Geschenk des Papstes an König James IV., sein Sohn James V. ließ die Krone 1539/40 umgestalten. Aufbewahrt werden die wertvollen Insignien royaler Macht gut bewacht im **Crown Room,** wo sie nach der Union zwischen Schottland und England 1707 lange Zeit eingemottet worden waren.

Interessant ist auch der unscheinbare Stein neben den Kronjuwelen: Als **Stone of Destiny** dient

Ü
ÜBRIGENS

Haustiere sind im Vereinigten Königreich ein besonderes Thema – denken Sie an die Queen und ihre Hunde. So verwundert es nicht – oder vielleicht doch? –, dass sich auf dem Areal des Edinburgh Castle ein Hundefriedhof befindet. Auf einer Zwischenebene unterhalb von St. Margaret's Chapel und Mons Meg liegt der **Dog Cemetery** 9 für die dahingegangenen Hunde der Garnison.

Ü
ÜBRIGENS

Auch wenn der Aufbewahrungsort der Kronjuwelen es nahelegen könnte, gekrönt wurde auf Edinburgh Castle niemand. Sowohl Maria Stuart als auch ihr Sohn James VI. wurden als Baby 1543 bzw. 1567 in Stirling gekrönt, der damals wichtigsten Königsresidenz. Heute verlässt die Krone das Schloss nur zur Parlamentsöffnung in Holyrood, wo sie Teil der Feierlichkeiten ist.

Ein steinerner Löwe wacht vor dem Scottish National War Memorial.

er seit vielen Hundert Jahren als Krönungsstein. Allerdings wurde er bereits 1297 vom englischen König Edward I. aus Schottland entführt und in die Westminster Abbey verbracht, um dort für Krönungen genutzt zu werden. 1996 gab Queen Elizabeth II. ihn jedoch den Schotten zurück, weil der Aufbewahrungsort immer wieder für Streit sorgte.

Königliche Wohnstatt

Nebenan befinden sich im selben Gebäude die renovierten Teile der **Royal Apartments.** In dem kleinen Zimmer neben Maria Stuarts Schlafzimmer kam am 19. Juni 1566 ihr Sohn James VI. zur Welt, der nach dem Tod der englischen Königin Elizabeth I. als James I. schließlich die englische und die schottische Krone vereinigte und damit den Grundstein für das heutige Vereinigte Königreich legte.

Mit Schottland hatte James nach seinem Umzug nach London jedoch nicht mehr viel im Sinn. Nur 1617 kam er noch ein einziges Mal nach Edinburgh. Dafür wurde die sehr schön renovierte **Laich Hall** hergerichtet.

Sehr beeindruckend ist auf der Südseite des Crown Square auch die **Great Hall** 11 aus dem frühen 16. Jh. Die Stichbalkendecke gilt als eines der Meisterwerke der Renaissance in Schottland.

Kriegerische Reminiszenzen

Die lange militärische Nutzung von Edinburgh Castle hat ihre Spuren hinterlassen. Am Crown Square wurde 1927 das **Scottish National War Memorial** 12 als pathetische Gedenkstätte für die rund 150 000 im Ersten Weltkrieg gefallenen schottischen Soldaten errichtet.

Eine Etage tiefer erinnert unterhalb des Foog's Gate das **Prisons of War Museum** 13 an kriegsgefangene Seeleute, die 1781 während des amerikanischen Unabhängigkeitskriegs in diesen düsteren Gewölben eingesperrt waren. Nebenan sind die Zellen des viktorianischen **Military Prison** 14 zu besichtigen.

UM DIE ECKE

Neben zwei **Regimentsmuseen** steht auf dem Areal des Edinburgh Castle auch das **National War Museum** 15.

Königlich und quirlig – **Castlehill und Lawnmarket**

#2

Die Royal Mile bildet das Rückgrat der Altstadt zwischen dem Castle und dem Palace of Holyroodhouse. Während auf der Königlichen Meile und in den bunten Souvenirläden oftmals sehr reger Touristenverkehr herrscht, offenbaren die dunklen Gassen und stillen Hinterhöfe ein ganz anderes Bild der Altstadt.

Wo anders als direkt vor dem Edinburgh Castle sollte die **Royal Mile** beginnen? Die **Esplanade** 1 ist im Sommer die große Bühne für das spektakuläre Royal Edinburgh Military Tattoo (► S. 21). Über die Straße Castlehill können Sie direkt in das bunte Treiben in der historischen Altstadt ›eintauchen‹.

Die abendlichen Lichter verleihen der Royal Mile zusätzliches Flair. Zwar haben Shops und Museen dann geschlossen, doch Restaurants und Pubs laden immer noch zur Einkehr ein.

W
WEE DRAM

Nur ein Schlückchen Whisky …? Vielleicht halten Sie ein Glas Whisky in der Hand und stellen wie der schottische Folksinger- und Songwriter Robbie Laing fest, dass Sie damit Schottland in Händen halten, den Puls des Landes, seine Natur, seine Vergangenheit und Gegenwart – seine Essenz.

Das Wasser des Lebens

… kann man in **The Scotch Whisky Experience** 2 kennenlernen und kaufen. Die wenigsten der hier erhältlichen über 410 Sorten kosten allerdings 27 500 £. So viel zahlen Sie nämlich für den 50-jährigen Balvenie. Besuchern, die keine Zeit haben, jenseits von Edinburgh eine Brennerei zu besichtigen, wird mit einer kürzeren Silver Tour und einer ausführlicheren Gold Tour in einer Art Geisterbahn die Geschichte und die Produktion des Wassers des Lebens (gälisch: *uisge beatha*) nähergebracht. Am Ende der Tour gibt es dann natürlich auch eine bzw. vier Kostproben. (Wer sich unabhängig von oder zusätzlich zu einer solchen Tour über Whisky informieren möchte: ► S. 106).

Zwischen Realität und Illusion

Sie wollen mal von oben einen Blick auf die Royal Mile und die Stadt werfen? Dann ist die Dunkelkammer der **Camera Obscura and World of Illusions** 3 schräg gegenüber dem Whisky-Zentrum genau richtig. Die ungewöhnliche Konstruktion hoch oben im Turm wurde 1853 von der Optikerin Maria Theresia Short entworfen und vermittelt durch die Bündelung des natürlichen Lichtes bei klarem Wetter einen erstaunlichen Weit-, aber auch einen guten Blick auf das Straßengeschehen unten. Dazu können sich Besucher in verschiedenen Ausstellungsbereichen an Zerrspiegeln, Hologrammen, Wärmedetektoren und elektromagnetischen Lichtspielen ergötzen.

Skurril, bunt und auch mal cute – Besucherin des Fringe Festival

Highlands und Hochhäuser

Mit der Industrialisierung wanderten immer mehr Highlander in die großen Städte Edinburgh und Glasgow ab. Viele von ihnen sprachen zunächst nur Gälisch und kein Englisch. Für sie gab es in der Mitte des 19. Jh. errichteten **Tolbooth Kirk** 4 gälische Gottesdienste, was der Kirche den Spitznamen Highland Kirk einbrachte. Heutzutage dient die ehemalige Kirche unter dem Namen **The Hub** als Festivalzentrum mit nettem Café. Hier endet auch der Castlehill und der Lawnmarket beginnt.

Ein Abstecher durch die Minigasse Upper Bow zur Rechten führt zu einer **Terrasse** 5 oberhalb der **Victoria Street.** Beim Blick auf diese Straße erkennen Sie sofort, dass Edinburgh schon früh

Faszinierende Illusion – Spiegel und Personen in Morphsuits in der Camera Obscura and World of Illusions bildeten die erste menschliche Discokugel.

eine echte **Hochhaussiedlung** war. An den steilen Hängen ragen Häuser mit sieben, acht, manchmal bis zu zehn Stockwerken auf.

Schöner wohnen im 17. Jh.

Am **Lawnmarket** lebte im sechsstöckigen **Gladstone's Land** 6 – *land* bedeutet im Schottischen Wohnhaus – zu Beginn des 17. Jh. der wohlhabende Tuchhändler Thomas Gladstone. Er ließ das Haus umbauen und mit bemalten Holzdecken, geschnitzten Möbeln und behaglicher Küche einrichten. Aus dieser Zeit stammen auch die Arkaden über dem Bürgersteig. Verwaltet wird das historische Schmuckstück vom National Trust for Scotland. Der Lawnmarket – viel breiter als Castlehill – war einst auch ein wichtiger Marktplatz für die Stadt. Heute tummeln sich hier die eher kitschigen Souvenirshops.

Hinterhofleben – einst ganz bestimmt nicht ›cosy‹

Rechts und links des Gladstone's Land führen schmale, dunkle Durchgänge weg vom quirligen Geschehen auf der Royal Mile. Das schönste Beispiel ist zur Rechten der hervorragend renovierte Riddle's Court vom Ende des 16. Jh. Diese in Edinburgh *closes* und *wynds* genannten Durchgänge waren einst voller Leben und dicht bevölkert, denn in der Old Town wohnte man aufgrund des starken Platzmangels quasi Schulter an Schulter. Man kann sich heute kaum noch

Ü
ÜBRIGENS

Früher gehörte der **Lawnmarket** zur High Street, was heute daran zu merken ist, dass die Hausnummern in beiden Straßen fortlaufend nummeriert sind. Im 15. Jh. wurde hier ein Markt etabliert, auf dem Garne, grobe Stoffe etc. verkauft wurden, später war es vor allem Leinen. Der Markt wurde als Land Market bekannt, ein Name, der sich später zu Lawn Market verschliff.

vorstellen, wie beengt und dunkel es in diesen Gassen zuging. Und wenn dann noch jemand »Gardyloo« (»Achtung, Wasser!«) rief, musste man schleunigst zur Seite springen, weil von oben jemand sein dreckiges Abwasser mitten auf die Gasse schüttete. Das Leben in **Auld Reekie** war deshalb alles andere als *cosy* (gemütlich), geschweige denn romantisch, und die Altstadt galt im 19. Jh. teilweise als Slum. Schon Ende des 17. Jh. hatten reiche Adlige begonnen, durch

INFOS/ÖFFNUNGSZEITEN

The Scotch Whisky Experience 2: 354 Castlehill, T 0131 220 04 41, www.scotchwhiskyexperience.co.uk, Juli–Aug. tgl. 9.30–19, Sept.–Juni tgl. 10–18 Uhr, Silver Tour 15,50/13,50 £, 5–17 Jahre 7,50 £, Gold Tour 27/24,50 £
Camera Obscura and World of Illusions 3: 549 Castlehill, T 0131 226 37 09, www.camera-obscura.co.uk, Juli–Aug. tgl. 9.30–22, April–Juni, Sept.–Okt. tgl. 9.30–19, Nov.–März tgl. 10–18 Uhr, 14,50/12,50 £, 5–15 Jahre 11,50 £
Gladstone's Land 6: 477b Lawnmarket, T 0131 226 58 56, www.nts.org.uk, Jan. tgl. 11–16, Ostern–Dez. 10–17 Uhr (nur mit Führung), 14/12 £, bis 18 Jahre 11,50 £
The Writers' Museum 7: Lady Stair's Close, www.edinburghmuseums.org.uk, tgl. 10–17 Uhr, Eintritt frei (▶ S. 80)
Jolly Judge 1: 493 Lawnmarket/ 7 James' Court, So–Do 11–23, Fr/Sa 12–24 Uhr

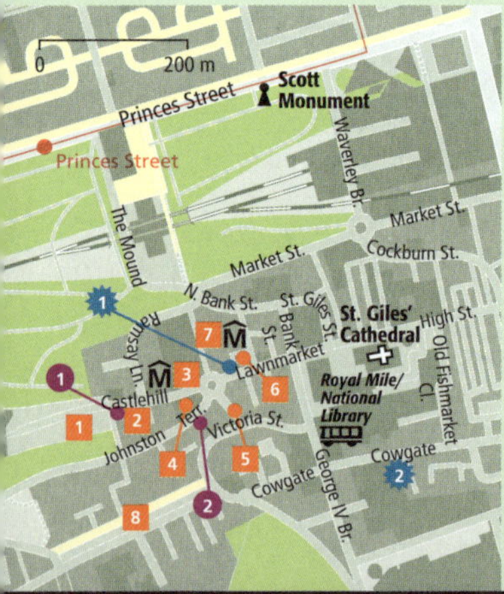

KULINARISCHES FÜR ZWISCHENDRIN

In einer ehemaligen Schule serviert das quirlige Ehepaar Contini im sehr netten Ambiente seines **Contini Canonball Restaurant** 1 (356 Castlehill, T 0131 225 15 50, www.contini.com, Di–Sa 12–22 Uhr, Hauptgerichte 17–22 £) moderne schottische Küche. Unten befindet sich eine sympathische Bar, oben ein gehobeneres Restaurant, das nur abends öffnet. Leckere iranisch-kurdische Küche gibt es im **Hanam's** 2 (3 Johnston Terrace, T 0131 225 13 29, www.hanams.com, tgl. 12–23 Uhr, Hauptgerichte 10,50–20 £), auch auf seiner Terrasse oberhalb der Victoria Street. Alkoholische Getränke muss man sich bei Bedarf selbst mitbringen. Ebenfalls draußen sitzen kann man im **Café Hub** 4 (Castlehill, T 0131 473 20 67, www.thehub-edinburgh.co.uk, Mo–Fr 10–16, Sa 9.30–17, So 10.30–17 Uhr, dem einladenden Café des Festivalzentrums.

Cityplan: Karte 2, G/H 4–5 | **Bus** 23, 27, 41, 42, 67 Royal Mile/National Library of Scotland

Abstecher in die Closes lohnen sich, auch für die interessanten ›Rückblicke‹ auf die Royal Mile, hier vom Milne's Close aus auf den Lawnmarket.

den Abriss von Häusern Platz für kleine Innenhöfe *(courts)* zu schaffen. Dieser Trend setzte sich in den folgenden 200 Jahren fort und so entstanden die heutigen Hinterhöfe, die in sich schon wieder historisch wirken.

Lustiger Richter und hohe Literatur

Eine sehr nette stimmungsvolle, eher ruhige kleine Bar mit bemalten Holzdecken ist in den hiesigen Hinterhöfen das **Jolly Judge** 1 – im Sommer stehen sogar einige Tische im Hof. Im 1622 erbauten Lady Stair's House hingegen ist heute das **Writers' Museum** 7 untergebracht. Im Mittelpunkt stehen Leben und Werk dreier großer schottischer Literaten: Robert Burns, Walter Scott und Robert Louis Stevenson.

UM DIE ECKE

Wer einen Platz voller Cafés und Pubs sucht, sollte von der Royal Mile auf der Höhe der ehemaligen Tolbooth Kirk 4 zur Rechten der Minigasse Upper Bow eine Treppe hinab zur Victoria Street nehmen, die nahtlos in die Gasse West Bow übergeht. Vorbei an den bunten Fassaden der kleinen Geschäfte und Bistros geht es hinab zum **Grassmarket** 8. Der ehemalige Marktplatz diente zugleich als Hinrichtungsstätte in den Zeiten ständiger Konflikte mit der Krone, die sich im 17. Jh. oft an der Religionsfrage entzündeten. Lange galt der Grassmarket als ziemlich rau, doch in den letzten Jahren wurde hier mächtig in Verkehrsberuhigung, neue Hotels und ein freundliches Ambiente investiert. Samstags findet ein kleiner Wochenmarkt, der **Grassmarket Market,** statt und an sonnigen Tagen sitzen Einheimische wie Besucher an den zahlreichen Tischen vor den Bistros und Pubs – ein lebendiger Platz.

C
COWGATE

Vom Grassmarket führt die Gasse **Cowgate** 2 durch einen tiefen Taleinschnitt nach Osten. Einst wurde hier das Vieh zum Markt getrieben, heute wird die dunkle Gasse von Hostels, Studentenwohnheimen, sowie von angesagten Kneipen und Clubs gesäumt. Das Cowgate ist deshalb ein Hotspot für die Partygänger am Wochenende.

3

Heilige Kirche und gruseliger Untergrund – **rund um St. Giles'**

Edinburgh wird gerne als Stadt mit zwei Gesichtern bezeichnet, und nirgends wird dies deutlicher als rund um die St. Giles' Cathedral im Herzen der Royal Mile. Die Kathedrale, das Rathaus und hohe Gerichte bestimmen das einer Hauptstadt würdige Straßenbild, doch zugemauerte unterirdische Gassen, verlassene Kellergewölbe und frühere Hinrichtungsstätten lassen genug Raum für schräge und gruselige Geschichten aus dem Untergrund.

Im Schatten der St. Giles' Cathedral befinden wir uns auf dem lebendigsten Abschnitt der Royal Mile. Im Sommer gibt es fast ständig Straßentheater oder Livemusik, während kostümierte Schauspieler für diverse Stadt- und Geisterführungen werben.

Prächtig ausgestattet, würdig derer, die sich hier versammeln – die Thistle Chapel.

Calvinistische Kathedrale

Mitten auf der Royal Mile ist die **St. Giles' Cathedral** 1 die wichtigste Kirche der Stadt. Hier predigte Mitte des 16. Jh. der schottische Reformator John Knox, der sich in Genf den Anhängern Calvins angeschlossen hatte. Zurück in Schottland, leiteten Knox' wortgewaltige Predigten die Reformation ein und er wurde zum erbitterten Widersacher der katholischen Königin Maria Stuart. Berüchtigt wurde sein Traktat »Der erste Trompetenstoß gegen das monströse Regiment der Frauen«. Knox war mit seinen Polemiken dafür verantwortlich, dass Maria Stuart abdanken und fliehen musste. In St. Giles' steht er zur Linken mit der Bibel in der Hand.

Die heutige dreischiffige gotische Kirche stammt größtenteils aus dem 15. Jh. Der filigrane, kronenähnliche **Turm** gilt als Vorbild für andere schottische Kirchtürme. Bunte **Glasfenster** aus dem 19. Jh. hellen die düster-grauen Mauern auf.

Parlament und Rathaus

Was wie der Hinterhof der Kirche wirkt, ist in Wirklichkeit das alte **Parlamentsgebäude** 2 aus dem 17. Jh., gut versteckt hinter später ergänzten Fassaden. Heute sind hier u. a. die höchsten schottischen Gerichte für Zivil- und Strafrecht, die **Supreme Courts,** untergebracht. Nur der Name des schmalen Platzes, Parliament Square, verweist noch auf die alte Funktion des Gebäudes. Ein Duplikat ist das schmucke **Mercat Cross** 3 an der Ostseite der Kathedrale.

Auf der anderen Straßenseite entstand im 18. Jh. die Royal Exchange, die heutigen **City Chambers** 4 (Rathaus). Erst wer auf die Rückseite des repräsentativen Gebäudes in die tieferliegende Cockburn Street geht, kann seine erstaunliche Höhe ermessen.

Zugemauerte Gasse

Und damit geht es in den düsteren Untergrund der Old Town: Zu den Kuriositäten der Altstadt zählt eine ausgerechnet unter dem schicken Rathaus versteckte frühere Gasse, die als **The Real Mary King's Close** 5 zu besichtigen ist. Die Namensgeberin Mary King war im frühen 17. Jh. eine reiche Bürgerin. Damals stand die steil abfallende Gasse noch offen, doch mit dem Bau

D
DISTEL

Die **St. Giles' Cathedral** ist auch die Kirche des **Distelordens** – des mit Schottland verbundenen zweithöchsten und nur vom Monarchen persönlich verliehenen Ordens des Vereinigten Königreichs. Die so Geehrten sind damit Ritter und führen den – nicht vererbbaren – Titel *Knight* bzw. *Lady Companion.* Die Distel ist die schottische Nationalblume, und passend dazu lautet das Motto des Ordens: *Nemo me impune lacessit,* niemand provoziert mich ungestraft.
In St. Giles', in der Thistle Chapel mit ihrem kostbaren Eichengestühl (hinten rechts in der Kathedrale), 1909–11 nach einem Entwurf von Robert Lorimer erbaut, treffen sich die Ordensträger alljährlich unter dem Vorsitz der Queen.

der neuen Prachtbauten verschwand sie einfach unter der Oberfläche. Bis ins 20. Jh. lebten und arbeiteten in den nunmehr völlig vom Tageslicht abgeschnittenen Räumen Menschen, dann wurden die Türen komplett verschlossen. Seit einigen Jahren führen Touren mit kostümierten Schauspielern in die düstere Unterwelt und natürlich ist von Morden, Unfällen, aber auch von Geistern die Rede. Die achtjährige Annie soll noch immer nicht zur Ruhe gekommen sein. Das Ganze wirkt

INFOS/ÖFFNUNGSZEITEN

St. Giles' Cathedral 1: High St., www.stgilescathedral.org.uk, Apr.–Okt. Mo–Fr 9–19, Sa 9–17, So 13–17, Nov.–März Mo–Sa 9–17, So 13–17 Uhr, Eintritt frei (Spende erbeten)
The Real Mary King's Close 5: High St./2 Warriston's Close, T 08450 70 62 44, www.realmarykingsclose.com, April–Okt. tgl. 10–21 (letzte Tour), Nov.–März So–Do 10–17, Fr/Sa 10–21 Uhr, 15,50/13,50 £, 5–15 Jahre 9,50 £
Tron Kirk/Royal Mile Market 6: High St./Ecke South Bridge, Mo–Fr 10–18/19, Sa/So 11–17 Uhr
South Bridge (The Vaults) 7: unter der South Bridge. Nur mit Führung, Anbieter sind **Mercat Tours** 1 (28 Blair St., T 0131 225 54 45, www.mercattours.com, Startpunkt Mercat Cross 3, 13/11 £, 5–15 Jahre 8 £, auch auf Deutsch) und **Auld Reekie** 2 (45 Niddry St., T 0131 557 47 00, www.auldreekietours.com, Startpunkt Tron Kirk 6, 12 £, ermäßigt 10 £). Kinder nur bedingt zugelassen. Grundsätzlich gilt: Wer teilnimmt, sollte dunkle Räume aushalten können.
Deacon Brodie's Tavern 8: 435 Lawnmarket, www.nicholsonspubs.co.uk, tgl. 10–1 Uhr, Gerichte ab ca. 10 £

KULINARISCHES FÜR ZWISCHENDRIN

In diesem zentralen Abschnitt der Royal Mile östlich der St. Giles' Cathedral gibt es mehrere touristische Cafés und Bistros für eine Kaffeepause.

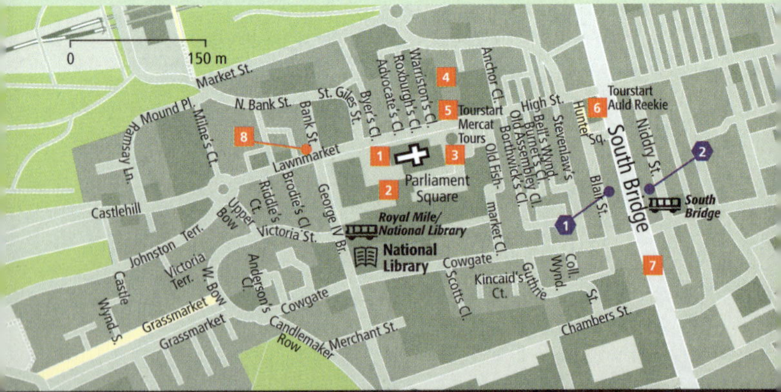

Cityplan: Karte 2, H 5 | **Bus** 23, 27, 41, 42, 67 Royal Mile/National Library of Scotland, 3, 5, 8, 14, 29, 30, 33, 45, 49, 300 South Bridge

vielleicht ein wenig zu reißerisch, ist aber sehr informativ und unterhaltsam.

Mr Boots und Freunde

Zwischen St. Giles' 1 und der ehemaligen **Tron Kirk** 6, starten regelmäßig Stadt- und Gruselführungen. **Mercat Tours** 1 und **Auld Reekie** 2 bieten die Touren mit einem besonderen Abstecher an: Sie führen ihre Gäste in die schummrigen Räume unter der – auf den ersten Blick kaum erkennbaren – **South Bridge** 7.

Die Brücke war 1788 auf 19 Bögen errichtet worden, die zu beiden Seiten mit Häusern verdeckt wurden. Sie gilt deshalb als die versteckteste Brücke von Edinburgh. Unter den Brückenpfeilern entstanden auf mehreren Etagen düstere Kellergewölbe, die eigentlich als Lagerräume dienen sollten. Weil es jedoch zu feucht war, übernahmen alsbald Schmuggler und Diebe, aber auch die Armen der Stadt die modrige unterirdische Welt.

Später gerieten die Gewölbe in Vergessenheit und wurden erst in den 1980er-Jahren wiederentdeckt. Nun können Gruppen die unheimlichen dunklen Räume besuchen und treffen dabei – vielleicht – auf Mr Boots, der in einem der Räume eine junge Prostituierte ermordet haben soll, und andere flüchtige Gestalten. Der Abstecher ist wirklich kurios.

UM DIE ECKE

Sie kennen Dr. Jekyll und Herrn Hyde? Dann werfen Sie zumindest von außen einen Blick auf den inzwischen sehr touristischen Pub **Deacon Brodie's Tavern** 8 und dessen Werbeschilder. Er erinnert an eine Räubergeschichte, die Robert Louis Stevenson zu seinen ›beiden‹ Romanfiguren inspirierte. Sie handelt von William Brodie, einem scheinbar ehrbaren Bürger der Stadt, der Mitte des 18. Jh. lebte. Der Möbeltischler war sogar Vorsitzender seiner Handwerkergilde – und als solcher Mitglied im Stadtrat. Doch Mr. Brodie hatte eine zweite, dunkle und lange verborgene Seite: Nachts wandelte er sich zum Einbrecher und ging mit Kumpanen auf Beutezug – bis er schließlich aufflog und 1788 auf der Royal Mile hingerichtet wurde.

Wenn Sie sich nicht beim Anblick einer solchen Gestalt schon im hellen Tageslicht zu Tode erschrecken, dann folgen Sie ihr und besuchen die düster-gruseligen Gewölbe unter der South Bridge.

A ANNIE

Wer war Annie? Gesichert weiß man es nicht. Doch erzählt wird, dass dieses kleine Mädchen an der Pest erkrankt und von seinen Eltern einfach ausgesetzt worden war. Ein Medium soll erspürt haben, dass es seither einsam und verlassen seine Puppe sucht. Mitfühlende Menschen brachten ihm über die Jahre immer wieder Spielsachen mit, die in einem Raum als anrührender Schrein heute an die traurige Geschichte erinnern.

#4

Über das Ende der Welt hinaus – **High Street und Canongate**

Heute endet die Welt für die Edinburgher nicht mehr am Canongate, im Gegenteil. Die einstige Stadtmauer am Ende der High Street ist verschwunden, nette Geschäfte, Cafés, Kneipen und einige interessante Museen säumen längst den unteren Abschnitt der Royal Mile.

Die High Street ist die Schaumeile der Altstadt. Leider ist nur der obere Teil verkehrsberuhigt – durchaus ein Thema in der Stadt –, sodass Sie sich hinter der Tron Kirk bzw. jenseits der Kreuzung von High Street und North/South Bridge das Vergnügen mit dem Autoverkehr teilen müssen.

Auf zum World's End

Aber sei's drum. Noch ist sie breit, die nach Osten führende Royal Mile. Linker Hand liegt das historische **John Knox House** 1, das in Teilen bereits auf das 15. Jh. zurückgeht. Der Reformator soll in diesem Haus 1572 gestorben sein, definitiv lebte hier zuvor der königliche Goldschmied

Modernisierungen und Veränderungen auch in den so traditionsreichen Straßen und Gassen entlang der Royal Mile bieten immer wieder Raum für – und sei es nur kurzlebige – farbenfrohe künstlerische Kreativität.

James Mosman. Viel interessanter sind jedoch die bemalte Holzdecke und der mit Delfter Kacheln ausgeschmückte Kamin. Angeschlossen ist das moderne **Scottish Storytelling Centre.**

Für Familien mit Kindern lohnt schräg gegenüber noch ein Besuch des liebevoll gestalteten **Museum of Childhood** 2 – und dann ist auch schon das Ende der Welt erreicht. An der Kreuzung vor dem sinnhaft benannten Pub **The World's End** 1 ist auf dem Pflaster der Umriss des ehemaligen Stadttors, des **Netherbow Port** 3, zu erkennen. Hier verlassen Sie nun das mittelalterliche Edinburgh.

Liest man dieses Schild, kommt man ins Grübeln – vielleicht ist das Ende der Welt näher, als wir alle glauben.

Was Kanoniker mit Bier zu tun haben

Canongate war bis 1856 eine eigenständige Stadt, deren Name sich auf die Augustinerkanoniker der Abtei von Holyrood bezog. Wie in vielen Klöstern pflegten auch die hiesigen Mönche die Braukunst. Ein profitables Geschäft, sodass sich im Umfeld weitere Brauereien ansiedelten, die den Charakter des Viertels bis ins 20. Jh. bestimmten. Als diese dann der Reihe nach schlossen, verfiel das Viertel zusehends. Erst mit dem Neubau des Parlaments kam es zu einer Wiederbelebung.

Zur Rechten baute die Universität in den letzten Jahren enorm, aber auch zur Linken entstehen zur Zeit Wohn-, Hotel- sowie Bürogebäude für Medien und politische Organisationen. Entsprechend begehrt sind die Grundstücke und Häuser rundum.

Stadtgeschichte, nicht nur von unten

Sehenswert ist am Canongate der historische **Tolbooth** von 1591, der als Rathaus, Gericht und Gefängnis diente und heute einen **Pub** sowie das städtische **People's Story Museum** 4 beherbergt. Hier geht es um Geschichte von unten: Arbeiter- und Frauenbewegung, Streiks und Einwanderung sind einige der Themen.

Gegenüber führt das **Museum of Edinburgh** 5 im Huntly House – schon das stattliche Gebäude aus dem 16. Jh. ist einen Blick wert – durch die Geschichte der Stadt, wobei auch Kurioses seinen Platz hat, wie das Halsband des treuen Hundes Greyfriars Bobby, der 14 Jahre am Grab seines Herrchens gewacht haben soll. Weitere Themen sind Silber, Glas, Töpferei und, natürlich, die Braukunst.

S SMITH

Schotten wird fälschlicherweise gelegentlich nachgesagt, sie seien geizig. Woher dieses Vorurteil rührt, ist unklar. Eines aber ist klar: Aus Schottland stammt der Vater der Nationalökonomie und einer der theoretischen Begründer der freien Marktwirtschaft: Adam Smith (1723–90). Wohlbekannt ist sein Werk **»Wohlstand der Nationen«.** Begraben liegt Smith auf dem **historischen Friedhof** an der **Canongate Kirk** 6. Die Kirche selbst wurde im späten 17. Jh. auf Geheiß James VII. errichtet und nach dessen Absetzung 1690 als nüchternes presbyterianisches Gotteshaus fertiggestellt. Adam Smith hatte die letzten Jahre seines Leben im benachbarten **Panmure House** verbracht.

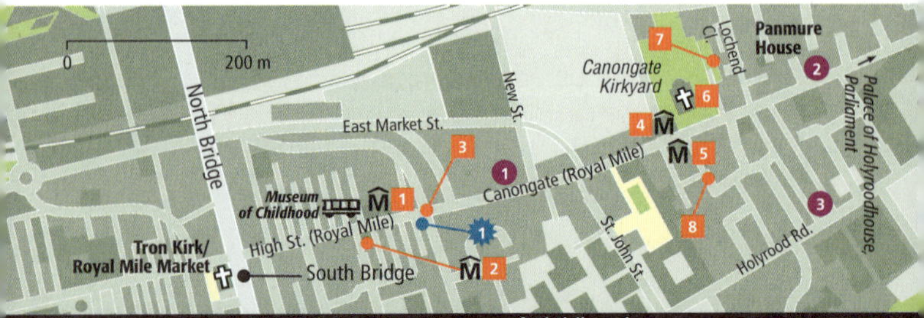

Cityplan: Karte 2 H–K 4–5 | **Bus** 300 Museum of Childhood

INFOS/ÖFFNUNGSZEITEN

John Knox House 1: 43–45 High St., T 0131 556 95 79, www.scottishstorytellingcentre.co.uk, Mo–Sa 10–18, Juli/Aug. auch So 12–18 Uhr, 5/4 £, 7–17 Jahre 1 £

Museum of Childhood 2: 42 High St., T 0131 529 41 42, www.edinburghmuseums.org.uk, tgl. 10–17 Uhr, Eintritt frei

People's Story Museum 4: 163 Canongate, T 0131 529 40 57, www.edinburghmuseums.org.uk, tgl. 10–17 Uhr, Eintritt frei

Museum of Edinburgh 5: 142 Canongate, T 0131 529 41 43, www.edinburghmuseums.org.uk, tgl. 10–17 Uhr, Eintritt frei

Canongate Kirk 6: 153 Canongate, www.canongatekirk.org.uk, auch Mai–Sept. Mo–Fr 10.30–16.30 Uhr, Sa/So nachmittags (falls keine Hochzeiten), Eintritt frei

KULINARISCHES FÜR ZWISCHENDRIN

An der High Street und am Canongate finden sich zahlreiche nette Cafés. Türkisch-mediterrane Spezialitäten serviert das **Café Truva** 1 (251–253 Canongate, T 0131 556 95 24, www.cafetruva.com, tgl. 8–18 Uhr, Hauptgerichte 6–12 £) auch auf der kleinen Terrasse unter Arkaden. Wer lieber Süßes zum Tee in altmodischer Atmosphäre genießen möchte, der ist in **Clarinda's Tearoom** 2 (69 Canongate, T 0131 557 18 88, Apr.–Sept. Mo–Sa 9.30–16.30, So 10–16.30, Okt.–März tgl. 10–16.30 Uhr) richtig. Modern und locker ist das schwedisch-schottische Bistro-Café **Hemma** 3 (75 Holyrood Rd., T 0131 629 33 27, www.bodabar.com, Di–Do 11–24, Fr 11–1, Sa 10–1, So/Mo 11–20 Uhr, Hauptgerichte 9–11 £).

UM DIE ECKE

Zwischen Canongate Kirk und Panmure House liegt eines der versteckten Juwele des Canongate: **Dunbar's Close Garden** 7. Ein schmaler Durchgang (137 Canongate) führt zu diesem Gartenidyll, gestaltet nach Vorbildern aus dem 17. Jh. Hier können Sie die Touristenströme auf der Royal Mile für einige Augenblicke vergessen.

Auch ein Blick in den **Bakehouse Close** 8 lohnt sich. Zunächst geht es tunnelartig unter dem Museum of Edinburgh hindurch. Die Gasse vermittelt einen Eindruck vom früheren Straßenbild am Canongate.

Von Maria Stuart bis Elizabeth II – **Palace of Holyroodhouse**

5

Kaum eine schottische Königin war so umstritten wie Maria Stuart, die im Palast von Holyroodhouse am unteren Ende der Royal Mile regierte. Es war hier, dass ihr Sekretär Rizzio brutal ermordet wurde und ihr Niedergang begann. Die heutige Queen nutzt Holyroodhouse für Staatsempfänge sowie für ihre geschätzten Ritterschläge und beliebten Gartenpartys.

Mögen die Schotten auch ein noch so unabhängiges Völkchen sein, sich uneins sein, ob nun ihr Land zum Vereinigten Königreich oder nicht gehören soll – bisher ist Queen Elizabeth II. in Edinburgh noch immer willkommen. Und ist sie da, so residiert sie hier in Holyroodhouse. Das tat auch schon Maria Stuart, die katholische Widersacherin der ersten Königin Elizabeth.

Ehre und Tod – der Palast der Königin

Der **Palace of Holyroodhouse** 1 ist bis heute der schottische Amtssitz der britischen Monarchen. Queen Elizabeth II. weilt im Juli regelmäßig einige Tage hier, ein Zwischenstopp auf dem Weg in ihren Sommerurlaub auf Schloss Balmoral in den schottischen Highlands. Dann lädt sie traditionell zur großen Gartenparty. Und Unabhängigkeits-

Mitten im Grünen, am Rand des Holyrood Park, weilt die Queen bei ihren Besuchen in Edinburgh.

Ü
ÜBRIGENS

Als er 1829 nach Schottland kam, lag die Holyrood Abbey schon in Ruinen. Doch die Atmosphäre beeindruckte den damals 20-jährigen **Felix Mendelssohn-Bartholdy** zutiefst. Sie inspirierte ihn zu den Auftaktklängen seiner wunderbaren **Schottischen Sinfonie.** Auf dem Audioguide wird seine Musik kurz angespielt. Auch seine Konzertouverture **Die Hebriden** wurde durch seine Erlebnisse in Schottland – diesmal an der Westküste – inspiriert.

streben hin oder her – Einladungen zu diesem Society-Event sind heiß begehrt. Zugleich nutzt die Queen die Zeit aber auch, um von der Regierung vorgeschlagene Untertanen zu Rittern zu erheben, so z. B. 1999 den Topagenten Ihrer Majestät Sir Sean Connery.

Die ›Licence to Kill‹ wird in Holyrood jedoch vor allem mit der Regentschaft von Maria Stuart in Verbindung gebracht. Sie kam 1561 als junge Witwe des sehr früh verstorbenen französischen Königs zurück nach Schottland und bezog die Räume im spätmittelalterlichen Nordwestturm, wo fünf Jahre später ihr Privatsekretär auf Geheiß ihres eifersüchtigen Ehemanns Darnley umgebracht werden sollte.

Kreuz, Kloster, Königsresidenz

Doch die Geschichte von Holyrood reicht noch weiter zurück. Der Sage nach wurde König David I. – Sohn jener Margaret, der auf Edinburgh Castle die Kapelle gewidmet ist – auf der Jagd von einem Hirschen attackiert. Ein feurig-leuchtendes Kreuz soll ihn aus der Not gerettet haben. Zum Dank veranlasste David 1128 die Gründung einer Augustinerabtei. Der Name Holyrood bedeutet dabei im Schottischen nichts anderes als Heiliges Kreuz. Die ursprüngliche **Holyrood Abbey** 2 ist heute nur noch in Ruinen erhalten – doch selbst diese Reste der einst prächtigen Abteikirche sind außerordentlich beeindruckend.

Zu Beginn des 16. Jh. erweiterte James IV. das Kloster dann um eine königliche Residenz. Doch

Im Palast finden immer wieder Ausstellungen aus den königlichen Beständen statt.

erst Charles II. ließ ab 1671 den Palast auf seine jetzigen Ausmaße ausbauen. Ironie der Geschichte: Charles schlief nicht eine einzige Nacht in seiner schottischen Bleibe, da ihm London wesentlich angenehmer erschien. Erst Queen Victoria begann Holyrood wieder zu nutzen, da Edinburgh ein idealer Stopp auf dem Weg in ihre geliebten Highlands war.

Nur noch als Ruine erhalten: die stolze Holyrood Abbey.

Päpste, Ritter und Monarchen

Der Rundgang führt durch die prächtigen **State Apartments,** darunter der elegante **Thronsaal.** Neben dem Thron von George V und dessen Frau Queen Mary finden sich Gemälde weiterer Monarchen sowie kostbare Gobelins an den Wänden. Im angrenzenden **Morgensalon** empfing Queen Elizabeth II. 2010 Papst Benedikt XVI., bereits 1999 hatte sie hier Donald Dewar offiziell zum ersten schottischen Regierungschef der neuen Regionalregierung ernannt.

Beeindruckend sind die prunkvoll ausgestatteten königlichen **Schlafgemächer,** welche die hochrangigen Gäste beeindrucken sollten. Das Ganze war als eine Art Prozessionsweg inszeniert. Die Gäste hätten sich durch immer prächtigere Zimmer vorarbeiten müssen, um zum König zu gelangen. Da Bauherr Charles II. aber nie in Holyrood schlief, fand hier auch nie ein Empfang statt. Der Monarch war auch an einer vorzeigbaren Ahnengalerie interessiert, doch die 110 schottischen Könige in der **Great Gallery** wurden von Jakob de Wet praktisch alle wie eineiige Zwillinge gemalt – eine kuriose Klongalerie.

Die Blutnacht

Nun aber in die Gemächer der Queen im Nordwestturm. In diesen Räumen vollzog sich das Drama der Ermordung David Rizzios. Marias zweiter Ehemann, Lord Darnley, war überzeugt, dass der Vertraute Marias auch ihr Liebhaber sei. Hier trafen zwei Charaktere aufeinander, die sich gegenseitig ins Verderben stürzten: Maria war zwar Witwe, aber noch sehr jung, sehr lebenslustig und als Katholikin im erbitterten Clinch mit den Reformatoren um John Knox, die sich jüngst erst in Schottland durchgesetzt hatten. Darnley hingegen galt als eifersüchtig, intrigant und aufbrausend. Zudem wurden ihm aufgrund

▶ LESESTOFF

Ein späterer Besucher von Holyrood war **Theodor Fontane,** der seine Eindrücke ausführlich in seinem gut lesbaren, 1860 veröffentlichten und bis heute erhältlichen Reisebericht **Jenseit des Tweed** wiedergibt.

INFOS/ÖFFNUNGSZEITEN

Palace of Holyroodhouse 1: Abbey Strand, April–Okt. tgl. 9.30–18 (letzter Einlass 16.30), sonst 9.30–16.30 (letzter Einlass 15.15) Uhr, 17/12,70 £, 5–16 Jahre 8,10 £, Kombiticket Queen's Gallery 16,90/15,40/9,50 £), Audioguide (auch Deutsch) inklusive

Queen's Gallery 3: Horse Wynd/ Ecke Abbey Strand, T 0303 123 73 06, www.royalcollection.org.uk, April–Okt. tgl. 9.30–18 (letzter Einlass 17), sonst 9.30–16.30 (letzter Einlass 15.30) Uhr, 7,20/6,60 £, 5–16 Jahre 3,60 £, Kombiticket Palast s. o.), Audioguide (auch Deutsch) inklusive

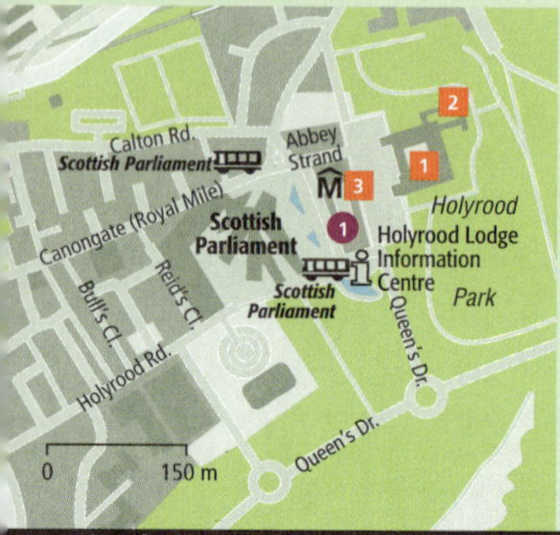

KULINARISCHES FÜR ZWISCHENDRIN

In den ehemaligen Stallungen am Zugang zum Palast ist das frei zugängliche **Café at the Palace** 1 (Öffnungszeiten wie Palast) eine gute Adresse für einen Snack und Kaffee oder Tee.

Cityplan: Karte 2, K 4 | **Bus** 6,300 Scottish Parliament

seiner noblen Abstammung selbst Thronambitionen nachgesagt. Vieles bleibt natürlich im Dunkeln, Fakt ist aber, dass Darnley und mehrere Getreue am 9. März 1566 in die Privatgemächer der Königin eindrangen und Rizzio im Beisein der hochschwangeren Maria niederstachen.

Darnleys Eifersucht bewirkte letztlich seinen eigenen Niedergang, denn Maria ließ ihn bald beseitigen und heiratete erneut. Aber auch sie hatte nur noch ein Jahr auf dem Thron, weil sich die schottischen Adligen auch ihrer entledigten, um den Sohn von Maria und Darnley, James VI., noch als Baby zu krönen. Bei so viel Drama, Eifersucht und Blut ist es kein Wunder, dass Maria Stuart ihren Weg in die Literatur und auf die Bühne gefunden hat, z. B. bei Schiller und Stefan Zweig.

Selbst die eine oder andere Lampe trägt Krone im Palace of Holyroodhouse.

UM DIE ECKE

Am Horse Wynd, wo sich der Besuchereingang zum Palast befindet, ist auch die **Queen's Gallery** 3 untergebracht. Hier sind regelmäßig sehenswerte Sonderausstellungen zu besichtigen, die sich zumeist aus dem Fundus der königlichen Kunstsammlungen speisen.

Auf dem Weg in die Unabhängigkeit? – **Scottish Parliament**

#6

In einem kühnen, wegweisenden Bau des katalanischen Architekten Enric Miralles tagt seit 2004 das schottische Regionalparlament, das seither viele schottische Belange selbst regelt. Zehn Jahre später entschieden sich die Schotten in einem Referendum zwar gegen die komplette Unabhängigkeit, aber der Wunsch nach mehr Eigenständigkeit bleibt.

292 Jahre lang gab es in Schottland kein eigenes Parlament, dabei hatte das Land jahrhundertelang als eigenständiges Königreich bestanden. In unzähligen Schlachten hatten die Schotten ihre Unabhängigkeit gegenüber dem großen Nach-

Kontrast zum Palast gegenüber – silbergrauer Beton und ungewöhnlich gestaltete Fenster am neuen schottischen Parlamentsgebäude.

barn England behaupten können – sicherlich ein Grund für das bis heute ausgeprägte Nationalgefühl der Schotten. Schon im 17. Jh., als andernorts der Absolutismus seinen Siegeszug antrat, gab es hier ein eigenes Parlament und Justizwesen. Während sich in Schottland der Protestantismus calvinistischer Ausprägung durchsetzte, wurde England anglikanisch.

Doch gegen Ende des 17. Jh. schien ein selbstständiges Schottland nicht mehr haltbar und so kam es 1707 zur – allerdings in weiten Bevölkerungskreisen ungeliebten – Vereinigung der beiden Königreiche und damit zur Auflösung des schottischen Parlaments. Das Land wurde Teil des Vereinigten Königreichs.

Ü ÜBRIGENS

In das Parlament wurde auch das historische **Queensberry House** aus dem 17. Jh. integriert. Der damalige Herzog von Queensberry war 1707 der Hauptarchitekt der englisch-schottischen Vereinigung und seine Nachfahren zählen noch immer zu den größten Grundbesitzern des Landes.

Der lange Weg zum Parlament

Lange schien dieses Arrangement gut zu funktionieren. Erst vor 50 Jahren war der Wunsch nach politischer Eigenständigkeit und womöglich sogar staatlicher Unabhängigkeit wieder eine ernstzunehmende politische Bewegung. Immer häufiger ist zu hören, dass Schottland aus London schlecht regiert werde. Und so war es die Labour-Regierung unter Tony Blair, gebürtiger Schotte, der nach seiner Wahl 1997 den Schotten wie auch den Walisern und Nordiren eigene Regionalparlamente zugestand. Holyrood kann seither u. a. in den Bereichen Gesundheit, Bildung, Justiz, Polizei, Landwirtschaft, Kultur, Verkehr und Umwelt eigene Wege gehen. Z. T. ist dies mittlerweile auch in der Sozialpolitik und bei Steuern möglich. Diese politische Dezentralisierung *(devolution)* führte im Jahr 2004 zum Bau des **neuen Parlamentsgebäudes** 1. Seit 2007 regiert hier die Schottische Nationalpartei (SNP), seit 2014 unter der derzeitigen Regierungschefin (First Minister) Nicola Sturgeon.

Bienenfleißig geht es im schottischen Parlament zu – und sogar in dessen Garten, in dem schottische Wildblumen wachsen und Bienen Honig produzieren.

Gewagt und umstritten

Aus dem Land solle das Gebäude wachsen, hatte Architekt Miralles entschieden – auch wenn hier viel Beton verbaut wurde, treten die schrägen Mauern, fantasievollen Fenster und Holzstäbe in einen spannenden Dialog mit dem königlichen Palast von Holyroodhouse gegenüber und den Felsen von Salisbury Crags im Hintergrund.

Hier lohnt der Blick aufs Detail.

Schottische Motive wie Boote, das Andreaskreuz, Türme oder Anklänge an den großen Glasgower Jugendstilarchitekten Charles Rennie Mackintosh sind erkennbar – das gewagte Design setzt sich deutlich von seiner Umgebung ab und scheint doch gut hierhin zu passen.

Auf den Führungen gelangt man in die weite, helle **Sitzungskammer** unter einem imposanten Holzgewölbe, wo die 129 *Members of the Scottish Parliament (MSPs)* im Halbrund tagen, inklusive der Regierungsvertreter. Die Atmosphäre hier ist völlig anders als im beengten Unterhaus in London.

Nicht alle Edinburgher waren jedoch vom Preisschild von 400 Mio. £ begeistert – die Baukosten verzehnfachten sich. Die Wiedereinrichtung des Parlaments wird aber allgemein als Erfolg gewertet.

Quo vadis, Schottland?

Die letzten Jahre waren in politischer Hinsicht turbulent in Schottland. Seit Regierungsantritt der SNP 2007 stand ein **Unabhängigkeits-Referendum** auf der Tagesordnung. Die 1934 gegründete Nationalpartei hat sich die vollständige Loslösung Schottlands aus dem Vereinigten Königreich auf die Fahnen geschrieben. Sehr lange hatte die SNP nur wenig Einfluss besessen, doch unter der Führung der charismatischen Parteichefs Alex Salmond und nun Nicola Sturgeon

Ü ÜBRIGENS

In den Sitzungswochen muss sich die Regierungschefin jeweils donnerstags um 12 Uhr für 45 Minuten den Fragen der Opposition stellen. Dieser oft lebhafte politische Schlagabtausch heißt **First Minister's Question Time** und ist öffentlich zugänglich. Falls Sie das Parlament in Aktion sehen wollen, dann ist dies eine sehr gute Gelegenheit, weil zumeist alle Abgeordneten der SNP sowie der Konservativen, Labour, Grünen und Liberalen anwesend sind. Die kostenlosen Besuchertickets gibt es jeweils eine Woche im Voraus (Do ab 9 Uhr) oder am Sitzungstag selbst im Last-Minute-Verfahren, da nicht alle reservierten Karten auch wirklich abgeholt werden.

INFOS/ÖFFNUNGSZEITEN

Scottish Parliament 1: Horse Wynd, T 0131 348 52 00 (Visitor Services), www.parliament.scot, Mo, Fr–Sa sowie sitzungsfreie Di–Do 10–17, an Sitzungstagen Di–Do 9–18.30 Uhr, Eintritt frei (Sicherheitskontrollen am Eingang), regelmäßige Führungen (nur an sitzungsfreien Tagen) ab 10.30 Uhr ab dem Informationsschalter im Eingangsbereich. Dazu gibt es deutschsprachige Audioguides. An Sitzungstagen können sich Besucher kostenlose Tickets für den Plenarsaal und Ausschusssitzungen geben lassen.

KULINARISCHES FÜR ZWISCHENDRIN

Im Erdgeschoss gibt es ein günstiges **Parlamentscafé** mit Selbstbedienung. Natürlich können Sie auch das frei zugängliche **Café at the Palace** 1 (April–Okt. tgl. 9.30–18, sonst 9.30–16.30 Uhr) in den früheren Stallungen des Palace of Holyroodhouse aufsuchen.

Cityplan: Karte 2, K 4/5 | **Bus** 6,300 Scottish Parliament

wurde die Partei zur dominierenden Kraft in Schottland.

Am 18. September 2014 war es dann soweit, doch in der Volksabstimmung entschieden sich 55 % der Schotten für den Verbleib im United Kingdom. Erledigt ist die Frage damit allerdings nicht, denn die Mehrheit der Schotten wünscht sich weiterhin eine starke SNP. Die Partei gewann 2017 bei den Unterhauswahlen 35 von 59 schottischen Mandaten, 2016 verfehlte Regierungschefin Sturgeon zwar knapp die absolute Mehrheit in Holyrood, kann aber bis 2021 unangefochten alleine weiterregieren.

Das ermöglichte ihr auch, sofort nach dem **Brexit-Referendum** im Sommer 2016 entschlossen die Initiative zu ergreifen, nachdem die Schotten mit 62 % klar für den Verbleib in der Europäischen Union gestimmt, England und Wales aber eine Brexit-Mehrheit zusammengebracht hatten. Wie es nun in Schottland und im Vereinigten Königreich nach dem EU-Austritt im März 2019 weitergeht, ist zurzeit völlig offen. Eines aber steht fest: Die staatliche Unabhängigkeit Schottlands ist inzwischen eine reale Perspektive geworden.

Highlands in der Stadt – **Arthur's Seat und Duddingston**

#7

Nur 251 m hoch, aber kahl, zerklüftet und romantisch wie die schottischen Highlands ist Edinburghs Hausberg. Es lohnt sich nicht nur wegen des Ausblicks, der sich von ihm bietet, kurzfristig festeres Schuhwerk anzuziehen. In Duddingston wartet ein Dorfidyll mit einem wunderbaren Garten.

Der Edinburgher Hausberg ist von beinahe jedem Punkt der Stadt aus zu sehen. Der vor 350 Mio. Jahren erloschene Vulkan liegt inmitten des 260 ha großen **Holyrood Park,** eines ehemaligen königlichen Jagdgebiets. Das ganze Bergareal ist von breiteren und schmaleren

Eine kleine Bergbesteigung gefällig? Dann tun Sie es diesen Gipfelstürmern gleich und erklimmen Sie Arthur's Seat.

Trampelpfaden durchzogen, auf denen man gut nach Sicht wandern kann. Für die hier beschriebene Wanderroute benötigt man gut 2,5–3 Std., solides Schuhwerk und beim Aufstieg ein wenig Fitness.

Königliche Vögel im königlichen Park

Auf geschmolzener Lava

Vom Eingang des **Parlaments** 1 geht es am unbemannten **Holyrood Lodge Information Centre** vorbei über den **Horse Wynd** zum Kreisverkehr am Fuß des Berges. Dort biegt man nach links auf den **Queen's Drive** ein, der Arthur's Seat einmal komplett umrundet. Schräg rechts führt ein zunächst geteerter Weg bergan, der bald in einen Wanderweg übergeht. Das erste Ziel ist die spärliche Ruine von **St. Anthony's Chapel** 2. Weiter in Richtung Süden wird der Weg nun ein wenig steiler, wendet sich ein Stück nach links und erreicht ein kleines Plateau. Von dort wandert man nach rechts, hinauf zum Gipfel von **Arthur's Seat** 3. Der Rundumblick auf Stadt und Land ist, auch wenn der Berg nur 251 m aufragt phänomenal: bei klarem Wetter reicht er über den Firth of Forth nach Norden bis in die Grafschaft Fife.

INFOS/ÖFFNUNGSZEITEN

Holyrood Park: tgl. 24 Std., Eintritt frei
Holyrood Lodge Information Centre: Horse Wynd, tgl. 9.30–15 Uhr (unbemannt), mit Infobroschüren und Parkkarten

Dr Neil's Garden 6: 5 Old Church Lane, Duddingston, www.drneilsgarden.co.uk, tgl. ca. 10 Uhr bis Sonnenuntergang, Eintritt frei, Zugang durch das Tor für das Pfarrhaus (Manse) oder vom Kirchhof durch das Garden Room Café (Mi, Sa, So 13–16, Do/Fr 10–16 Uhr).

KULINARISCHES FÜR ZWISCHENDRIN

The Sheep Heid Inn 1: 43–45 Causeway, Duddingston, T 0131 661 79 74, www.sheepheid.co.uk, Mo–Do 12–23, Fr/Sa 12–24, So 12–23 Uhr. Historischer Inn, dessen Vorgänger schon 1360 hier stand. Im sehr nett aufgemachten Traditionspub (mit Biergarten im Innenhof) befindet sich eine viktorianische Kegelbahn von 1882. Sehr beliebt als Ausflugslokal. Hauptgerichte 10–22 £.

Cityplan: K–O 4–8 | **Bus** 6,300 Scottish Parliament

Wer den Weg nach Duddingston gefunden hat, sollte sich hier im ältesten Pub von Edinburgh stärken, im Sheep Heid Inn. 2016 schaute sogar die Queen auf einen Happen rein.

Nach Duddingston

Hinunter geht es zunächst wieder zum Plateau, dann aber geradeaus weiter hinab zum **Dunsapie Loch** 4. Rechts über den Queen's Drive und dann links über Treppen hinunter führt der Weg ins pittoreske Dorf **Duddingston.** Sehenswert sind der älteste Pub Edinburghs, **The Sheep Heid Inn** 1, sowie die aus normannischer Zeit stammende **Duddingston Kirk** 5 von 1124 mit normannischem Torbogen. Das eigentliche Highlight liegt aber versteckt auf der Rückseite der Kirche: **Dr Neil's Garden** 6 ist ein malerisches Idyll, das von der Kirchenmauer hinab bis zum Vogelschutzgebiet des von Schilf eingerahmten **Duddingston Loch** 7 reicht. Der Park ist eine wahre Oase, die in den 1960er-Jahren in mühevoller Kleinarbeit von dem Ärztepaar Nancy und Andrew Neil angelegt wurde.

Über die Radical Road

Nun geht es wieder zurück zum Queen's Drive hinauf und diesen dann links an einigen Klippen entlang bis zum Abzweig der **Radical Road** schräg rechts. Dieser **Panoramaweg** unterhalb der imposanten **Salisbury Crags** 8 wurde in den 1820er-Jahren auf Initiative von Walter Scott von arbeitslosen, ›radikalen‹ Webern angelegt. Der Weg offenbart einen schönen Blick Richtung Altstadt und auf das ungewöhnliche Parlamentsgebäude. Schließlich ist der Hinweg erreicht und man wandert zurück zum Ausgangspunkt am Parlament.

M
MINISÄRGE

1836 fanden spielende Kinder unter einer Felsplatte unterhalb des Gipfels von **Arthur's Seat** 3 17 kleine Särge mit Puppen darin. Wahrscheinlich waren sie nur wenige Jahre zuvor als eine Art magische Depots angelegt worden: Wurde hier jemand mit einem Fluch belegt oder dienten sie zur Beschwichtigung der Geister von Mordopfern? Letzteres wäre denkbar, hatte doch das berüchtigte Duo Hare und Burke (► S. 81) vor gar nicht langer Zeit just 17 Menschen umgebracht. Allerdings werden wir es wohl nicht mehr mit Gewissheit erfahren. Im National Museum of Scotland sind mehrere der Miniatursärge ausgestellt.

#8

Schottischsein – **National Museum of Scotland**

Schottlands turbulente Geschichte wird in diesem großartigen Museum facettenreich nachgezeichnet – von spannenden Steinzeitfunden über die Zeit von Maria Stuart bis zum Unabhängigkeitsreferendum 2014. Dazu kommen im prächtigen Altbau Schätze aus aller Welt.

Schottische Traditionen werden hochgehalten, auch mit Events im Museum wie Burns Unbound zu Ehren des schottischen Nationaldichters Robert Burns.

Das **National Museum of Scotland** 1 besteht aus drei großen Bereichen: 1866 eröffnete das **Royal Museum** seine Pforten. Nach einer gründlichen Renovierung glänzt der Prachtbau rund um die lichtdurchflutete **Grand Gallery** wieder in altem Glanz. Allein dieser hohe, lang gestreckte ovale Innenhof mit seinen von gusseisernen Säulen getragenen Galerieumgängen ist schon einen Blick

wert. Heute sind von hier aus die thematischen Sammlungen mit Exponaten aus aller Welt sowie hochkarätige Sonderschauen (zumeist kostenpflichtig) zu sehen. Dieser Bereich des Museums wurde in den letzten Jahren grundlegend saniert und umgestaltet. Nach Westen schließt sich die **Connect Gallery** mit Themen aus Wissenschaft und Forschung an. Nicht zuletzt hat hier das weltweit erste Klonschaf Dolly seinen Platz, kam es doch 1996 in Rosyth bei Edinburgh zur Welt. Daran schließt sich seit 1998 ein **postmoderner Neubau** für die schottische Sammlung an.

Den sandsteinernen Neubau mit seinem vorgelagerten Rundbau entwarfen die Architekten Benson + Forsyth, unverkennbar ist der Einfluss von Le Corbusier.

Kontraste – moderne Kunst und Frühzeit in Schottland

Neubau, Ebene -1: Dramatische Eisenskulpturen von Eduardo Paolozzi umschließen in der Ausstellung **Early People**, die sich der 10 000-jährigen Besiedlungsgeschichte Schottlands widmet, prähistorische Schmuckstücke, wie z. B. 5800 Jahre alte **Knochen-Armreife** aus dem Steinzeitdorf Skara Brae auf Orkney. Daneben stehen rätselhafte **Piktensteine** aus dem frühen Mittelalter sowie die filigran aus Gold, Silber und Bernstein gearbeitete **Hunterston-Brosche** (ca. 700 n. Chr.), die 300 Jahre später mit skandinavischen Runen versehen wurde.

Schottisches Königreich

Neubau, Ebene 1: Die Ausstellung **Kingdom of the Scots** spürt dem selbstständigen schottischen Königreich bis zur Auflösung 1707 nach. Auf dem Boden der silbernen **Bute-Trinkschale** ließ sich König Robert the Bruce nach dem historischen Sieg von Bannockburn 1314 als Löwe verewigen, umgeben von den Wappen seiner Gefolgsleute. In der Schlacht wurde auch das kunstvolle **Monymusk-Reliquiar** (ca. 700) eingesetzt, weil die Gebeine des irischen Missionars der Westküste, Columba, als besonders segensreich galten.

Die keltisch-gälische Welt Schottlands wird auch durch ein **Keltenkreuz** aus dem 14. Jh. sowie die **Clarsach-Harfe** (ca. 1500) repräsentiert. Sie wird gerne auch als Queen Mary-Harfe bezeichnet. Die nordischen **Schachfiguren aus Walross-Elfenbein,** die auf der Insel Lewis gefunden wurden, verkörpern hingegen den Beitrag der Wikinger zur Bildung der schottischen Nation.

Auch die Wikinger haben mitgespielt – eine der Schachfiguren von der Hebrideninsel Lewis.

Ü ÜBRIGENS

Mit rund 2 Mio. Besuchern im Jahr ist das **National Museum of Scotland** zusammen mit dem **Edinburgh Castle** die meistbesuchte Attraktion in Schottland. Und im Gegensatz zum Castle können Sie hier ohne Eintritt die Schätze des Landes so oft bewundern, wie Sie möchten.

Nicht fehlen darf auch eine Abteilung zu **Maria Stuart.** Zu sehen sind u. a. eine Kopie ihres Sarkophags aus der Westminster Abbey sowie diverse Memorabilia der Königin. Noch zu ihrer Regierungszeit wurde die schottische Guillotine **The Maiden** in Betrieb genommen.

Schottland im Wandel

Neubau, Ebene 3–6: In den höheren Stockwerken geht es um den rapiden Wandel der schottischen Gesellschaft nach der Vereinigung mit England 1707. Es war ein Schotte, James Watt, der mit der ersten **Dampfmaschine** die Grundlage zur Industrialisierung legte. Zu sehen sind hier massive Pumpmaschinen, Dampfloks, aber auch etwas versteckt die auf Arthur's Seat gefundenen **Miniatursärge** (► S. 47). Weitere Themen sind **Literatur, Kirche** sowie **Weberei, Whiskyherstellung** sowie **Aus- und Einwanderung.**

Auf Ebene 6 gelangen Sie schließlich ins **20. Jh.** Angesichts des rapiden politischen und gesellschaftlichen Wandels in Schottland in den letzten

INFOS/ÖFFNUNGSZEITEN

National Museum of Scotland 1: Chambers St., T 0300 123 67 89, www.nms.ac.uk, tgl. 10–17 Uhr, Eintritt frei, kostenlose englischsprachige Führungen tgl. 11 (allgemeine Einführung), 13 (schottische Abteilung), 15 (wechselnde thematische Rundgänge) Uhr.

KULINARISCHES FÜR ZWISCHENDRIN

Für eine wohlverdiente Snackpause bietet sich das **Balcony Café** (1. Ebene, Grand Gallery, tgl. 10–17 Uhr) an – ein beeindruckenderes Ambiente für ein Café gibt es in Edinburgh kaum. Wesentlich gediegener ist das minimalistisch-schicke **Tower Restaurant** (5. Stock, Neubau, T 0131 225 30 03, www.tower-restaurant.com, tgl. 10–23 Uhr, 2-Gänge-Lunch19,95 £, Hauptgerichte 22–33 £, 3-Gänge-Dinner 38 £). Es bietet einen schönen Blick auf die Altstadt – abends unbedingt reservieren! Die preisgekrönte Fusion-Küche nutzt teils innovative Rezepturen und auf jeden Fall frische schottische Produkte.

Cityplan: H 6 | **Bus** 23, 27, 41, 42, 67 Royal Museum, Forrest Road, 300 National Museum

Dreidimensional und multimedial – die Animal World Gallery im Nationalmuseum

20 Jahren wirkt das Ende der Ausstellung etwas überholungsbedürftig.

Viktorianische Museumspracht

Vom Neubau geht es wieder durch die Connect Gallery mit ihren modernen Wissenschaftsthemen in den **viktorianischen Teil** rund um die prächtige Grand Gallery. Auf drei Ebenen entführen hier große Ausstellungsbereiche die Besucher tief in die **Schatztruhe des Nationalmuseums.** Hier werden chinesisches Porzellan, ägyptische Mumien, Meißner Porzellan, Fossilien, Mineralien sowie Kunst aus Afrika und der Pazifikregion präsentiert. Auch der schottische Jugendstilarchitekt Charles Rennie Mackintosh ist hier Thema. Ein kurioses Highlight im Altbau ist der exzentrische **Millennium Clock Tower** (1999), der die menschlichen Leiden im 20. Jh. darstellen soll. In einem Glockenturm aus Holz und Metall verfangen sich Menschen im unübersichtlichen Getriebe aus Rädern und Maschinen. Zur vollen Stunde setzt sich die Maschinerie in Bewegung und die Glocken schlagen – ein sehr ungewöhnliches Schauspiel, das zum Nachdenken anregt.

Ü ÜBRIGENS

Das Museum bietet im Neubau oberhalb von Ebene 6 eine **Dachterrasse** (Roof Terrace), die einen herrlichen Ausblick über die Altstadt von Edinburgh bietet – bei schönem Wetter sollten Sie sich den Abstecher hinauf nicht entgehen lassen.

→ UM DIE ECKE

Wer nach dem Museumsbesuch ein wenig Friedhofsluft schnuppern und sich auf kuriose, blutige oder magische Spuren begeben möchte, sollte den benachbarten **Greyfriars Kirkyard** (► S. 81) aufsuchen. Und falls Ihnen auf dem Weg dorthin die **Hundeskulptur** 2 an der Kreuzung zwischen Nationalmuseum und Friedhof auffällt: Sie erinnert einmal mehr an Greyfriars Bobby, den so treuen Skye-Terrier – und steht vor einem gleichnamigen Pub …

9

Hier spielt nicht nur die Musik – **Lothian Road und Tollcross**

Wer Lust auf Theater, Konzert oder Kino hat, der kommt um diesen Teil der Stadt nicht drum herum – und das gilt nicht nur für den Festivalmonat August. Hier ist abends oft viel los, die Menschen strömen in die Theater, Programmkinos – und in die Pubs. Denn das Viertel ist neben hoher Bühnenkunst auch für seine von Trinkfestigkeit geprägte Pubkultur bekannt.

Vom Westende der Princes Street führt die Lothian Road hinein ins Theaterviertel der schottischen Hauptstadt. Zentrale Anlaufstelle ist der sogenannte **Festival Square** an der Lothian Road.

Konzerte und Komödie, Arthouse und Avantgarde

Sie möchten ein Konzert besuchen? Dann führt kaum ein Weg an der Usher Hall vorbei.

Direkt gegenüber besitzt die **Usher Hall** 1 von 1914 einen Saal in Weiß, Gold und Rot. In der runden edwardianischen Konzerthalle, die von dem

Brauereikönig Andrew Usher gestiftet wurde, spielt die Musik: Highlights aus Klassik, Pop und Rock – neben Herbert von Karajan und Paul McCartney traten hier auch schon die Rolling Stones auf.

Flankiert wird die Usher Hall von zwei Theaterbauten. Zur Linken steht das 1992 errichtete **Traverse Theatre** 2 mit seiner formschönen postmodernen Rotunde. Als Scotland's New Writing Theatre setzt das Traverse auf avantgardistische Stücke zeitgenössischer Autoren und ist damit auch wichtiges Rückgrat des Edinburgh International Festival. Das **Royal Lyceum Theatre** 3 rechts der Usher Hall, in einem spätviktorianischen Theaterbau (1883) beheimatet, begann in den 1970er-Jahren ebenfalls als avantgardistische Bühne, setzt aber heute auf Klassiker, Komödien, Opern und Kindertheater. Als grandiose Kulisse dient ihm ein verschwenderisch geschmückter Saal mit Balkonen unter Samtvorhängen.

Kinogänger lieben aus gutem Grund das nur ein paar Meter weiter direkt an der Lothian Road gelegene Programmkino **Filmhouse** 4. 1978 eröffnete es hier in einer früheren Kirche und dient auch als Hauptveranstaltungsort für das Edinburgh Film Festival im Juni. Und wer nach einem Konzert-, Theater- oder Kinobesuch Lust auf einen Drink hat, findet entlang der Lothian Road zahlreiche normale **Pubs.**

Nostalgisches in Tollcross

Die modern-langweilige Fassade sollte Sie nicht täuschen. Das **Cameo** 5 in der Home Street ist nicht nur ein renommiertes Arthouse-Kino, sondern hat trotz Modernisierungen im Innern vieles der alten Architektur bewahrt. Seine Anfänge nahm es 1914 als King's Cinema.

Ebenfalls eine kleine Zeitreise treten Besucher im 1905 errichteten **King's Theatre** 6 an: Rundlogen, Putten und eine üppige Symphonie in Gold, Beige und Purpur sind schon in sich wahre Hingucker. Hier gastieren immer wieder hochrangige Ensembles, die auch aus dem Ausland kommen, wie das Dubliner Abbey Theatre. Eine Institution ist auch die alljährlich aufgeführte Weihnachtspantomime.

Direkt neben dem King's Theatre ist der 190 Jahre alte viktorianische Pub **Bennet's** 7 nicht nur bei Theatergängern ein beliebtes Ziel. Bunte

Ü ÜBRIGENS

Samstags gibt es einen guten Anlass, auch vormittags und mittags in die Gegend zu kommen, denn auf der benachbarten **Castle Terrace** findet von 9 bis 14 Uhr der zwar recht kleine, aber hochgeschätzte **Edinburgh Farmers' Market** 1 statt.

Ob im Rahmen des Edinburgh International Festival oder unabhängig davon, das King's Theatre wartet immer wieder auch mit tollen Gastvorstellungen auf – so präsentierte hier das Kölner Ensemble Musikfabrik »Delusion of the Fury – A Ritual of Dream and Delusion« des amerikanischen Komponisten Harry Partch.

INFOS/ÖFFNUNGSZEITEN

Usher Hall 1: 71 Lothian Rd., T 0131 228 11 55, www.usherhall.co.uk
Traverse Theatre 2: 10 Cambridge St., T 0131 228 14 04, www.traverse.co.uk
Royal Lyceum Theatre 3: 30b Grindlay St., T 0131 248 48 48, www.lyceum.org.uk
Filmhouse 4: 88 Lothian Rd., T 0131 228 26 88, www.filmhousecinema.com
Cameo 5: 38 Home St., T 0871 902 57 23, www.picturehouses.co.uk
King's Theatre 6: 2 Leven St., T 0131 529 60 00, capitaltheatres.com
Bennet's 7: 8 Leven St., www.bennetsbaredinburgh.co.uk, Mo–Fr 11–0.30, Sa 11–1, So 12–23 Uhr
Edinburgh Farmers' Market 1: Castle Terrace, www.edinburghfarmersmarket.co.uk, Sa 9–14 Uhr

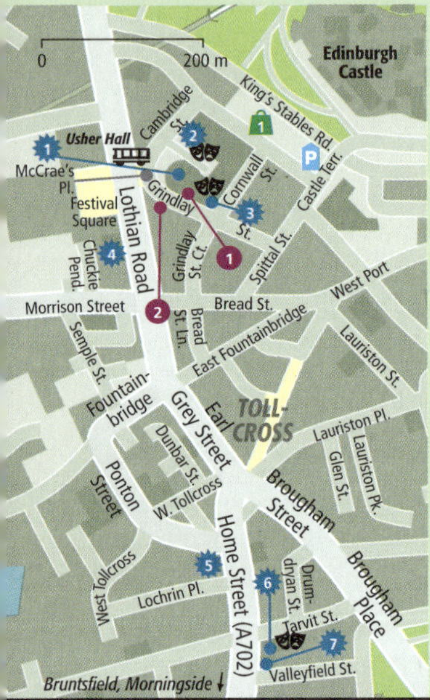

KULINARISCHES FÜR ZWISCHENDRIN

Generell ist das Angebot im Theater- und Kinoviertel sehr groß. Gute Bistrogerichte bietet etwa die nette **Café Bar** (Mo–Do 8–23.30, Fr 8–0.30, Sa 10–0.30, So 10–23.30 Uhr) im Filmhouse 4. Solide italienische Küche gibt es neben der Usher Hall im **Zucca** 1 (15–17 Grindlay St., T 0131 221 93 23, www.zuccarestaurant.co.uk, Küche Di–Sa 12–14.30, 17–21 Uhr, Pizza 9–12 £, Hauptgerichte 10–18 £). Gegenüber im einladenden **Spirit of Thai** 2 (44 Grindlay St., T 0131 228 93 33, www.spiritofthai.com, Di–Do 12–14.30, 17–23, Fr/Sa 12–23, So 13–23 Uhr, Hauptgerichte 9–19 £) kommen dagegen leckere fernöstliche Spezialitäten im Wok oder als Curry mit Reis oder Nudeln auf den Tisch.

Cityplan: F 5–7 | **Bus** 1, 10, 11, X15, 16, 24, X33, 34, 36, 47, X47 Usher Hall

Glasfenster, Schmuckkacheln, Holzschnitzereien und Riesenspiegel prägen das Bild und machen ihn zu einer Sehenswürdigkeit an sich. Nach dem Theaterbesuch schauen manche Kunstschaffende hier schon mal rein, früher z. B. Sean Connery, heute gelegentlich der Schriftsteller Ian Rankin.

UM DIE ECKE

Von Tollcross führt die **A 702** ins Szeneviertel **Bruntsfield** und weiter in den schicken Vorort **Morningside.** Entlang der Straße ziehen sich viele bunte Fachgeschäfte, Cafés und Bistros.

Shoppingmeile mit Aussicht – **Princes Street**

#10

Im 18. Jh. verließ Edinburgh die enge Altstadt und schuf sich nach Norden hin eine elegante New Town. Dabei entstand auch die Princes Street mit ihrem grandiosen Ausblick auf Old Town und Castle. Heute lädt die Meile zum Shoppen ein. Mit der Scottish National Gallery verfügt sie zudem über eines der wichtigsten Museen des Landes.

Ihre prominente Stellung verdankt die fürstliche **Princes Street** einem Geniestreich des Architekten James Craig, der 1766 den Plan für die New Town entworfen hatte. Im Gegensatz zur dicht bebauten königlichen Royal Mile ließ Craig die südliche Seite der Princes Street einfach unbebaut. Damit blieb Platz für die Umwandlung des oft unangenehm riechenden Nor Loch in eine wunderbare Parkanlage – und zugleich verhalf er Edinburgh damit zu einer Panoramameile von europäischem Rang. Ein Bummel entlang der Princes Street und durch die Princes Street Gardens sollte zu jedem Stadtbesuch unbedingt dazugehören.

Luxushotel mit Zauberlehrling

Ein guter Startpunkt ist das imposante **Balmoral Hotel** 1 am östlichen Ende der Princes Street.

Bummeln, schauen, shoppen – auf der belebten Princes Street ist alles möglich. Und wer hohe Kunst mag, kann die Scottish National Gallery besuchen.

Das Luxushotel firmierte lange unter dem Namen North British, als schottischer Nationalismus kein Thema war, legte sich dann aber einen schottischen Namen zu. Der Verweis auf das Hochland-Schlösschen der Royals ist aber weiterhin britisch inspiriert. In die Schlagzeilen kam das

INFOS/ÖFFNUNGSZEITEN

Tourist-Info Edinburgh City Centre: Waverley Mall, tgl. geöffnet, ► S. 111
Sightseeing-Bus: an der Waverley Bridge starten Hop-on-Hop-off-Tourbusse (weitere Infos: ► S. 113)
Balmoral Hotel [1]: 1 Princes St., www.roccofortehotels.com/de/hotels-and-resorts/the-balmoral-hotel
Scott Monument [3]: East Princes Street Gardens, www.edinburghmuseums.org.uk, April/Mai/Sept. tgl. 10–18, Juni–Aug. 10–21, Okt.–März 10–16 Uhr, 8/6 £, Kinder 5 £
Scottish National Gallery [4]: The Mound, T 0131 624 62 00, www.nationalgalleries.org, Fr–Mi 10–17, Do 10–19 Uhr, Eintritt frei
St. John's Church [5]: Princes St./Ecke Lothian Rd., www.stjohns-edinburgh.org.uk, Mo–Sa 9–17.30, 8–19 Uhr, Eintritt frei
Waldorf Astoria – The Caledonian [6]: Princes St. (Rutland St./Lothian Rd.), www.waldorfastoriaedinburgh.com
Edinburgh Gin Distillery [7]: 1a Rutland St., T 0131 656 28 10, www.edinburghgin.com, tgl. 9.45–16.45 Uhr, Gin-Discovery-Tour 45 Min. 10 £ (10, 12, 14 Uhr), Gin-Connoisseur Tour 75 Min. 25 £ 11, 13, 15 Uhr), Bar Heads & Tales Di–Do, So 17–1, Fr–Sa 17–3 Uhr
Waverley Mall [1]: Princes St., Mo–Mi, Fr–Sa 9–18, Do 9–19, So 11–17 Uhr
Jenners [2]: 47–52 Princes St., Mo–Mi, Fr 9.30–18, Do 9.30–19, Sa 9–18, So 11–17.30 Uhr

---

KULINARISCHES FÜR ZWISCHENDRIN

An der Princes Street sind das **Café in der Nationalgalerie [4]** und das **Café** von **Valvona & Crolla** (www.valvonacrolla.co.uk) bei **Jenners [2]** (2. Stock) mit Panoramafenstertheke die besten Plätze für einen Snack. Für Substanzielleres hält die restliche New Town reichlich Auswahl parat.

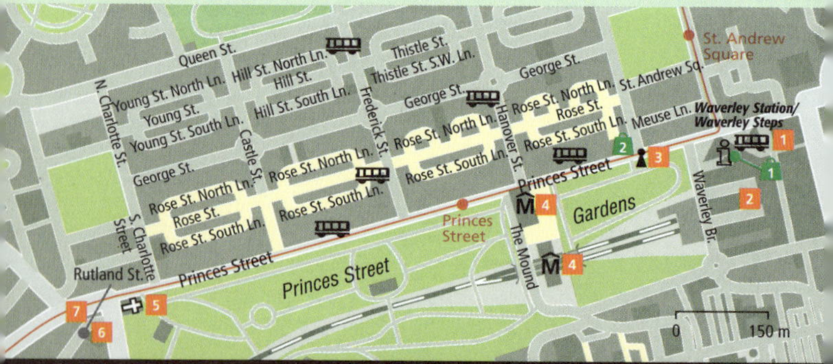

Cityplan: F–H 4–5 | **Tram** Princes Street, **Bus** alle Linien halten 1–2 x an der Princes Street

Hotel u. a. 2007, als J. K. Rowling hier die letzten Zeilen ihrer Potter-Saga schrieb.

Tiefes Tal und hohe Säule

Unten im Tal des ehemaligen Sees entstand Mitte des 19. Jh. der Hauptbahnhof von Edinburgh: **Waverley Station** 2. Die weithin sichtbare Uhr des Balmoral geht immer drei Minuten vor, damit Reisende nicht ihren Zug verpassen. Der Name des Bahnhofs ist eine Hommage an Schottlands berühmtesten Schriftsteller des 19. Jh., Sir Walter Scott, und bezieht sich auf dessen Erstlingsroman »Waverley« – genau wie im Fall der angrenzenden **Waverley Mall** 1.

Die Hauptstädter ehrten ihren geliebten Scott 1844 mit einem augenfälligen Denkmal an der Princes Street, dem **Scott Monument** 3. 287 Stufen geht es über eine sehr schmale Wendeltreppe (teils keine Haltegriffe) hinauf in die Turmspitze. Nicht jedem gefiel das Denkmal: Charles Dickens sagte abwertend, der Turm wirke wie eine gotische Kirchturmspitze, die man in den Boden gesteckt hätte. Dafür ist der Ausblick von oben fantastisch.

Das Edinburgher Scott Monument ist übrigens auch zu filmischen Ehren gelangt. In dem prominent, u. a. mit Tom Hanks und Halle Berry, besetzten deutsch-amerikanischen Independent-Film »Cloud Atlas« (nach David Mitchells Roman »Der Wolkenatlas«) taucht das Denkmal immer wieder in Szenen rund um die Figur des jungen Komponisten Robert Frobisher auf.

Europäische Kunstschätze

Wenige Schritte weiter überbrücken die beiden flachen Gebäude der hochkarätigen **Scottish National Gallery** 4 den Taleinschnitt Richtung Old Town. Im Hauptgebäude ist die exquisite Sammlung der Nationalgalerie untergebracht. Von italienischen Meistern wie **Tizian, Raffael** und **da Vinci** spannt sich der Bogen über die flämisch-niederländische Schule mit Arbeiten von **Rembrandt** und **Rubens** bis zu den **Impressionisten** um Monet, van Gogh, Cézanne und Gauguin. Die Breite der Sammlung ist wirklich beachtlich und der Besuch deshalb ein wahrer Genuss. Dazu kommt eine exemplarische Auswahl an **schottischen Künstlern** wie Henry Raeburn. Die schottische Abteilung wird allerdings derzeit umgebaut und ist deshalb nur stark verkleinert zu sehen. Im benachbarten ehemaligen Gebäude der Royal Scottish Academy sind (kostenpflichtige) **Sonderausstellungen** zu sehen.

Shoppen und Relaxen

Die nördliche Seite der Princes Street ist von Kaufhäusern und kleineren Geschäften gesäumt.

Die Kirche St. John engagiert sich u.a. für die Akzeptanz von Lesben und Schwulen in der Gesellschaft im Allgemeinen und in der Kirche im Besonderen.

Manchmal wirkt es allerdings so, als habe die Straße ihre besten Zeiten hinter sich, doch nach dem Ende der jahrelangen Tram-Bauarbeiten scheint es wieder aufwärts zu gehen. Ankerpunkt für Einkaufswillige ist das älteste Kaufhaus Großbritanniens, das 1895 eröffnete **Jenners** 2. Oft wird es mit Harrods in London verglichen, aber hier geht es längst nicht so turbulent zu. Sehenswert ist die zentrale spätviktorianische Einkaufshalle, und aus dem Café von **Valvona & Crolla** bietet sich von der Fenstertheke der schönste Blick hinüber in die Altstadt.

P
PRINCES

Ursprünglich sollte die Princes Street beim Bau der New Town nach Edinburghs Stadtheiligem St. Giles benannt werden. Dem britischen König George III. war das wohl zu schottisch. So mussten seine beiden Söhne George und Frederick, die *princes*, für Edinburghs Prachtstraße als indirekte Namensgeber herhalten. Die beiden Vornamen wurden zudem für weitere Straßen als persönliche Namensgeber auserwählt – und das Haus Hannover. Der König war zufrieden.

West End

Im Westen endet die Princes Street an der **St. John's Church** 5 und dem augenfälligen roten Hotel **Waldorf Astoria – The Caledonian** 6, ehemals Teil eines Kopfbahnhofs. Hier zweigt die Lothian Road ins Edinburgher Theaterviertel ab (s. S. 52), während die Tram über den Shandwick Place nach Westen verläuft und die Queensferry Road den Firth-of-Forth-Brücken bei South Queensferry (s. S. 74) zustrebt.

→ UM DIE ECKE

Etwas versteckt in einem Keller am Rutland Place, jenseits der Lothian Road, operiert die kleine **Edinburgh Gin Distillery** 7 und vermittelt auf Touren einen Einblick in die Ginproduktion. Abends wandelt sich der Keller zur coolen Gin- und Cocktailbar **Heads & Tales.**

Georgianische Pracht – **die New Town**

11

Bis heute beeindruckt die bauliche Geschlossenheit der Mitte des 18. Jh. entstandenen neuen georgianischen Stadt. Ein Bummel durch die Gassen rechts und links der George Street verbindet architektonische Highlights mit vielseitigem Shoppingvergnügen und reichlich Möglichkeiten zum Speisen und Ausgehen.

Mitte des 18. Jh. änderte sich das Leben in Edinburgh und Schottland radikal. Noch 1745 hatte der Stuart-Nachfahre Bonnie Prince Charlie beim letzten Aufstand gegen die Krone Edinburgh mühelos erobert, musste aber ein Jahr später seine Bestrebungen, den Thron zu gewinnen, wieder aufgeben. 20 Jahre später war endgültig Ruhe eingezogen, Edinburgh wurde zur Stadt der Aufklärung und die Stadtväter wollten endlich aus der Enge und dem Gestank der Altstadt heraus. So wurde 1766 der erst 26-jährige Architekt James

In der New Town sieht man das Meer, zumindest den Firth of Forth – wenn man z. B. die Hanover Street und ihre Verlängerung nach Norden, die Dundas Street, hinunterblickt.

Typische Tür eines Wohnhauses in der New Town

Craig mit dem Entwurf für eine New Town beauftragt. Craig hatte zeittypisch ein klares Design vor Augen: Eine zentrale Achse, die heutige George Street, wird an beiden Enden von repräsentativen Plätzen abgeschlossen und von mehreren Querstraßen durchschnitten. Im Norden und Süden vollenden nur halbseitig bebaute Straßen den Entwurf. Diese großen Verkehrsachsen dienten den Herrschaften als noble Adresse. Für die ›kleinen Leute‹ schuf Craig mit Zwischengassen, wie der heutigen Rose Street, Wohn- und Arbeitsflächen.

1791 wurde die georgianische Stadtentwicklung mit dem Bau des noblen **Charlotte Square** 1 abgeschlossen. Dieser wohlproportionierte Platz ist einem Entwurf Robert Adams zu verdanken. Die Fassaden der eleganten Wohnhäuser gehen nahtlos ineinander über und schaffen so ein geschlossen einheitliches Bild.

Georgianischer Lifestyle

Wie ging es in so einem herrschaftlichen Haus zu? Das **Georgian House** 2 liefert dazu die Antwort, denn es wurde vom National Trust for Scotland so erhalten, wie es um 1810 eingerichtet gewesen sein mag. Mit viel Liebe zum Detail wird das tägliche Leben der damaligen Hausherren, der Lamonts, dargestellt, der Film »Living in a Grand Design« bietet dazu eine gute Einleitung. Einen gewissen Raum werden Sie hier übrigens vergeblich suchen, denn damals gab es selbst für die Herrschaften kein Bad. Dafür sehen Sie im Film, wie die Köchin den Herrschaften morgens den Nachttopf reicht.

Gleich neben dem Georgian House liegt am Charlotte Square hinter der unscheinbaren Tür von Nr. 6 die offizielle Residenz der schottischen Regierungschefin, **Bute House** 3.

Ü ÜBRIGENS

Eine Besonderheit der **George Street** ist, dass an jeder Kreuzung der Blick nach Norden durch das spürbar abfallende Gelände völlig ungehindert über die Stadt bis zum Firth of Forth gleitet. Der Stadtrand ist hier selbst im Stadtzentrum ständig präsent.

Neue Mieter für alte Banken

Schlendern Sie nun die breite George Street entlang. Der heutige Mix aus gehobenen Restaurants, Bars, Boutiquen und Pubs verbirgt die frühere Nutzung der meisten Häuser. Im 19. Jh. hatten nämlich Banken und Versicherungen die repräsentative Adresse in der New Town für sich entdeckt. Ab den 1980er-Jahren zogen immer mehr jedoch in Neubauten auf der grünen Wiese um. So übernahmen Gastronomen die edlen

Cityplan: E–H 3–5 | **Tram** Princes Street, St. Andrew Square, **Bus:** alle Haltestellen an Princes Street (Stopp PA für Charlotte Square), Hanover Street, Frederick Street

INFOS/ÖFFNUNGSZEITEN

Georgian House 2: 7 Charlotte Sq., T 0131 226 33 18, www.nts.org.uk, März/Nov. tgl. 11–16, April–Juni, Sept.–Okt. tgl. 10–17, Juli–Aug. tgl. 10–18 Uhr, 8/6 £
St. Andrew's Church 4: 13 George St., www.stagw.org.uk, meist Mo–Fr 10–15, Sa 11–14 Uhr, Eintritt frei
Scottish National Portrait Gallery 7: 1 Queen St., T 0131 624 62 00, www.nationalgalleries.org, Fr–Mi 10–17, Do 10–19 Uhr, Eintritt frei; mit Café
The Standing Order 1: 62–66 George St., www.jdwetherspoon.com, T 0131 225 44 60, tgl. 8–1 Uhr
The Dome 2: 14 George St., T 0131 624 86 24, www.thedomeedinburgh.com, Club Room Mo–Do 10–16, Fr/Sa 10 Uhr bis spät, Grill Room tgl. ab 12 Uhr bis spät, 2-Gänge-Menü 16 £, Hauptgerichte 15–33 £, The Georgian Tea Room tgl. 10–17 Uhr, Afternoon Tea 18,50 £
Harvey Nichols 1: 30–34 St. Andrew Sq., www.harveynichols.com, Shop Mo–Mi 10–18, Do 10–20, Fr/Sa 10–19, So 10–18 Uhr, Brasserie Di–Sa 10–22 Uhr

KULINARISCHES FÜR ZWISCHENDRIN

Für Kaffeepausen gibt es vor allem an der verkehrsberuhigten **Castle Street,** an der **Hanover Street** und in der **Thistle Street** reichlich Auswahl. Schick ist die Brasserie im **Harvey Nichols** 1.

AUF EIN PINT MIT REBUS

Ist Ihnen das Standing Order 1 zu laut, besuchen Sie doch die **Oxford Bar** 1 (8 Young St., T 0131 539 71 91, www.oxfordbar.co.uk, Mo–Do 12–24, Fr/Sa 11–1, So 12.30–23 Uhr). Falls Sie mit Ian Rankins Krimis vertraut sind, treffen Sie hier vielleicht (im Geiste) John Rebus (► S. 81).

Schalterhallen. Zwei gute Beispiele sind der Pub **The Standing Order** 1 sowie das Nobelrestaurant **The Dome** 2. In ihrer ursprünglichen Funktion erhalten blieb gegenüber die protestantische **St. Andrew's Church** 4.

Schon tagsüber gut besucht, herrscht in der Rose Street abends Highlife.

Große Unterschiede weisen die Parallelstraßen Young, Hill und Thistle Street im Norden sowie die Rose Street im Süden auf. In der vergleichsweise ruhigen und idyllischen Young Street liegen authentische Pubs wie die **Oxford Bar** 1 und mehrere adrette Bistros. Ganz anders in der Rose Street, die als Fußgängerzone mit Geschäften, Pubs und Bistros zugepackt ist und abends zum beliebten und lautstarken Nightlife-Spot wird.

Der heilige Andreas lädt ein

Im Osten läuft die George Street auf den **St. Andrew Square** 5 zu, der durch das **Melville Monument,** eine hohe Statue für den Politiker Henry Dundas, Viscount Melville, weithin sichtbar ist. Die Grünfläche ist erst seit 2008 frei zugänglich und dient seither vielen Büroangestellten als Ziel für ihre Mittagspause. Neben dem ehemaligen Hauptquartier der **Royal Bank of Scotland** 6 am östlichen Ende des Platzes hinter der Tram-Haltestelle fällt nördlich davon das Nobelkaufhaus **Harvey Nichols** 1 mit gehobener Gastronomie im Obergeschoss auf.

Schotten im Porträt

Schon der neogotische Palast der **Scottish National Portrait Gallery** 7 ist ein Hingucker. Innen erhalten berühmte schottische Persönlichkeiten ein Gesicht. Fehlen dürfen natürlich weder Bonnie Prince Charlie und seine ›Fluchthelferin‹ Flora Macdonald noch der Dichter Robert Burns oder Sir Walter Scott. Zwar befinden sich auch Porträts zeitgenössischer Schotten wie Sean Connery, Ewan McGregor oder Fußballmanager Alex Fergusson im Besitz der Galerie, sind allerdings eher selten zu sehen.

C
CONNERY

Sie hören den Namen und denken an was? Vermutlich an James Bond, vielleicht an Marnie, an den Highlander oder an William von Baskerville (»Der Name der Rose«). Doch der aus einfachen Verhältnissen stammende **Sir Sean Connery** ist vor allem eines: überzeugter Schotte. So gründete er in seiner Heimatstadt Edinburgh bereits 1971 den **Scottish International Education Trust.** Ziel der Stiftung ist es zum einen, finanziell minderbemittelten, aber begabten Schülern Studium oder Ausbildung zu ermöglichen, zum anderen kulturelle, soziale und wirtschaftliche Projekte zu fördern, die Schottland und der schottischen Umwelt nützen.

UM DIE ECKE

Der Bau der New Town erwies sich als so großer Erfolg, dass es zu Beginn des 19. Jh. mit der nördlichen Neustadt jenseits der bis heute privaten und damit nicht öffentlich zugänglichen **Queen Street Gardens** weiterging. Während der Bereich um die **Dundas Street** ebenfalls rechtwinklig angelegt wurde, brechen die kreisrunden herrschaftlichen Plätze **Moray Place** 8 und **Royal Circus** 9 mit diesem Schema und verleihen dem exklusiven Viertel zusätzliche Eleganz.

Grüner Wanderweg – **Water of Leith Walkway**

12

Wie ein grünes Band windet sich der Bach Water of Leith nordwestlich der New Town durch ein tief eingeschnittenes Tal. Hier verbindet der Water of Leith Walkway den herrlichen Botanischen Garten mit den ›Urban Villages‹ Stockbridge und Dean Village und dem Museum für Moderne Kunst der Nationalgalerie – ein sehr abwechslungsreicher und erholsamer Spaziergang.

Rund 4 km sind es vom Botanischen Garten zum Zielpunkt an der Roseburn Terrace. Ohne Unterbrechung ist man etwas mehr als eine Stunde unterwegs, doch bei ausführlicher Besichtigung des Botanischen Gartens und der Kunstmuseen sollten Sie lieber einen halben Tag einplanen.

Freizeit in der Stadt – am Water of Leith in Dean Village

Stockbridge ist angesagt, immer mehr Lokale und kleine Läden eröffnen hier.

Grünes Parkidyll

Der schon 1670 gegründete **Royal Botanic Garden Edinburgh** 1 ist ein 26 ha großer wunderbarer Rückzugsort zum Durchatmen. Zur Rechten des Osteingangs befinden sich die großartigen, aber kostenpflichtigen **Glasshouses** mit dem beeindruckenden **Palmenhaus** als Hauptattraktion. Im zentralen Bereich bietet die **Wiese vor Inverleith House,** das regelmäßig für zeitgenössische Wechselausstellungen genutzt wird, einen herrlichen Blick über Edinburgh hinweg bis in die Pentland Hills. Unterhalb des **Viewpoint** erstreckt sich die dicht bewachsene **Chinese Hillside.** Im 2010 errichteten **John Hope Gateway** am Westeingang werden Ausstellungen zum Park gezeigt.

Quirliges Stockbridge

Vom Westausgang geht es links den Arboretum Place hinunter, dann rechts in die Arboretum Avenue (hier stößt auch der Water of Leith Walkway hinzu), noch mal rechts durch die St. Bernard's Row und links in die Deanhaugh Street im **Herzen von Stockbridge** 2. Dieser Vorort am Fluss gilt als eines der *urban villages*. Entlang der Hauptverkehrsader vom Royal Circus hinab durch die Deanhaugh Street und weiter über den Raeburn Place findet sich eine bunte und attraktive Mischung aus Szenecafés, Restaurants, kleinen Geschäften sowie einladenden Kneipen. Stockbridge ist in.

Ü
ÜBRIGENS

Jeden Sonntag findet in Stockbridge von 10–17 Uhr auf der südlichen Flussseite Ecke Saunders und Kerr Street ein kleiner beliebter **Markt** statt (www.stockbridgemarket.com).

Verstecktes Dean Village

Weiter geht es durch die Saunders Street am Fluss entlang in einen grünen Tunnel, der das tief eingeschnittene Tal förmlich bedeckt. Eine kuriose Sehenswürdigkeit ist die antik wirkende Rotunde **St. Bernard's Well** 3. Der Legende nach wurde der mittelalterliche Ordensgründer Bernhard von Clairvaux hier durch das Wasser geheilt, im 18. Jh. gab es sogar Kurtourismus.

Wenig später ist im tiefen Tal das historische **Dean Village** erreicht. Bis zum Bau der **Dean Bridge** 4 1831, die hoch das Tal überspannt, verlief der gesamte Verkehr über die kleine Brücke im Ortskern zur Rechten. In Dean Village gab es schon ab dem 12. Jh. Mühlen, links vor der gelben Brücke das gelbe Haus von 1675 war einst ein **Kornspeicher** 5. Hinter der Brücke geht es links zum **Well Court** 6, einem ungewöhnlichen

INFOS/ÖFFNUNGSZEITEN

www.waterofleith.org.uk/walkway: Website mit Infos zum Weg

Royal Botanic Garden Edinburgh 1: Inverleith Row, Arboretum Pl., T 0131 248 29 09, www.rbge.org.uk, tgl. Febr., Okt. 10–17, März–Sept. 10–18, Nov.–Jan. 10–16 Uhr, Eintritt frei, 11, 14 Uhr geführte Garden Walks (6 €/Pers.), Glasshouses (schließen 1 Std. vor Park) 6,50/5,50 £, bis 16 Jahre Eintritt frei

Scottish National Gallery of Modern Art 7: 75 Belford Rd., T 0131 624 62 00, www.nationalgalleries.org, tgl. 10–17 Uhr, Dauerausstellungen Eintritt frei

Edinburgh Zoo 9: Corstorphine Rd., T 0131 334 91 71, www.edinburghzoo.org.uk, tgl. März, Okt. 10–17, April–Sept. 10–18, Nov.–Febr. 10–16 Uhr, 19/16,50 £, 3–15 Jahre 9,95 £ (bei Online-Buchung Rabatte)

KULINARISCHES FÜR ZWISCHENDRIN

Im Botanischen Garten und in der Nationalgalerie 7 gibt es ansprechende Cafés. Sehr schön ist das **Gartencafé** in der Modern One. In Stockbridge kann, wer auf Süßes steht, z. B. in der **Patisserie Florentin** 1 (5 North West Circus Pl., www.patisserieflorentin.com, tgl. 8–18 Uhr, auch herzhafte Snacks) einkehren. Nicht nur Bierdurst lässt sich im **Stockbridge Tap** 2 (2 Raeburn Pl., So–Do 12–23,30, Fr/Sa 12–0.30 Uhr, Mi–So auch Pubgerichte) löschen.

Cityplan: F 1–A 6 | **Bus** 8, 23, 27 Royal Botanic Gardens

Wohnhaus im Baronialstil, inklusive Turm und Innenhof. Der Verleger Sir John Findlay wollte so den Lebensstandard der Arbeiter heben und sein Haus ist inzwischen sogar eine Sehenswürdigkeit.

Moderne Kunst im Park

Weiter geht es am Water of Leith vorbei durch den grünen Tunnel zur Belford Bridge (in diesem Abschnitt war in den letzten Jahren aufgrund von Erdrutschen zumeist eine Umleitung durch das Wohnviertel auf der südlichen Flusseite ausgeschildert). Eine Treppe führt hinauf zum Parkeingang der **Scottish National Gallery of Modern Art 7**. Diese ist auf zwei sehenswerte Gebäude aus dem frühen 19. Jh. im neogriechischen Stil verteilt: Modern Two (ehemals Dean Gallery) an der Belford Bridge und auf der anderen Straßenseite Modern One.

Das Museum besitzt eine große Sammlung hochkarätiger Werke aus dem 20. Jh. von Künstlern wie Picasso, Gauguin, Munch, Kandinsky, Kokoschka, Miró, Dali, Magritte, Ernst, Barlach und Kollwitz. Um möglichst viele Werke zeigen zu können, wechseln die längerfristigen Ausstellungen in der **Modern One** alle ein bis zwei Jahre. Im **Park** stehen hochkarätige Skulpturen von Henry Moore, Joan Miró und Barbara Hepworth. In der **Modern Two** werden Besucher vom übergroßen Koloss »Vulcan« von Eduardo Paolozzi (1924–2005) empfangen, der aus Edinburgh stammte. Sein – sehr chaotisch wirkendes – Atelier wurde in einem der Ausstellungsräume aufgebaut. Sehenswert ist übrigens auch der benachbarte historische Friedhof **Dean Cemetery**.

R
RUGBY

Sie möchten wissen, wo Rugby gespielt wird? Dann lassen Sie Ihren Blick schweifen. Südlich der Roseburn Terrace erhebt sich die markante Silhouette des wichtigsten schottischen Stadions, des **Murrayfield Stadium 8**. Rugby ist sehr populär und internationale *matches* erhalten große Aufmerksamkeit. Genau wie bei Spielen der Fußballnationalmannschaft wird vor Beginn eines großen *match* inbrünstig die inoffizielle Nationalhymne »Flower of Scotland« gesungen, die auf einen Sieg gegen englische Truppen vor 700 Jahren anspielt.

Im grünen Tunnel

Von der Rückseite der Modern One führt eine Treppe wieder hinab ins Flusstal und jenseits der Fußgängerbrücke erreicht der Water of Leith Walkway nach rechts in knapp 10 Min. die **Roseburn Terrace,** die Hauptausfallstraße nach Westen. Mit den Bussen 12, 26, 31 geht es zurück zur Princes Street.

UM DIE ECKE

Wer mag, kann von der Roseburn Terrace aus noch zum renommierten **Edinburgh Zoo 9** fahren. Auf 30 ha sind gut 180 Tierarten untergebracht. Ein Spektakel ist die tägliche Pinguinparade um 14.15 Uhr.

Athen des Nordens – **Calton Hill**

\# 13

Wieso wird Edinburgh auch als Athen des Nordens bezeichnet? Auf diesem 100 m hohen Vulkankegel finden Sie einen Teil der Antwort: Die säulengeschmückten Bauten erinnern sofort an griechische Tempel … wobei der Beiname hier ›dank‹ der Nichtvollendung des Bauvorhabens einen eher ironischen Beiklang erhält.

Doch nicht nur wegen der neoklassizistischen Monumente lohnt der Weg auf den Calton-Hügel, bietet er doch einen der besten Blicke über Edinburgh. Er ist, wie Robert Louis Stevenson schrieb, der einzige Ort, an dem man Arthur's Seat und den Burgberg zugleich sehen kann. Der Hauptaufgang befindet sich am östlichen Ende des Waterloo Place.

William Henry Playfair (1789–1857) hieß der Architekt, der die meisten dieser nicht so recht ins

Die Gebäude auf dem Calton Hill erinnern zwar an griechische Tempel, aber hier wird nicht griechischen Göttern geopfert, sondern alljährlich das keltische Beltane-Feuerfest zelebriert.

Cityplan: Karte 2, H–K 3/4 | **Tram** York Place | **Bus** North Bridge, Waverley Station/ Waverley Steps, Waterloo Place

INFOS/ÖFFNUNGSZEITEN

Nelson Monument 2: www.edinburghmuseums.org.uk, April, Mai, Sept. Mo–Sa 10–19, So 12–17, Juni–Aug. tgl. 10–21, Okt.–März Mo–Sa 10–15 Uhr, 5 £
Collective Gallery 4: www.collectivegallery.net, bei Redaktionsschluss wegen Um- und Ausbau noch geschlossen.

KULINARISCHES FÜR ZWISCHENDRIN

Anspruchsvolle Fusion-Bistroküche mit schottischer Note gibt's im **Howies** 1 (29 Waterloo Pl., T 0131 556 57 66, www.howies.uk.com, tgl. 12–14.30, 17.30–ca. 23 Uhr, 2-Gänge-Lunch 11,95 £, Hauptgerichte mittags 8,50–17 £, abends 12–28 £). Untergebracht in einem eleganten georgianischen Debattierclub von 1819.

Das Dugald Stewart Monument

nordische Schottland passenden Bauwerke entwarf. Mit zahlreichen weiteren Bauten, u. a. der Scottish National Gallery, der Surgeons' Hall und dem Platz Royal Circus drückte Playfair Edinburgh seinen griechischen Revival-Stil auf.

Heroisch gegen Napoleon

1822 von Playfair als Ehrenmal für die schottischen Gefallenen der Napoleonischen Kriege begonnen, imitiert das **National Monument** 1 den Parthenon der Athener Akropolis. Doch schon wenige Jahre später versiegten die durch eine öffentliche Sammlung aufgebrachten Gelder und ein Dutzend dorische Säulen samt Sockel und Architrav blieben verloren in der Landschaft stehen. »Edinburghs

Schande« hieß die Ruine lange Zeit, heute ist sie beliebtes Fotomotiv und Picknickplatz zugleich.

143 Stufen müssen Sie erklimmen, um vom **Nelson Monument** 2 aus Edinburgh von ganz oben zu sehen. Der 1807–15 von Robert Burn errichtete Denkmalturm in Form eines umgedrehten Fernrohrs – es erinnert nicht von ungefähr an des Admirals Arbeitsgerät – ehrt Nelsons Sieg und Tod in der Seeschlacht von Trafalgar 1805. Ein Sieg, der die napoleonische Invasion der Britischen Inseln verhinderte. Es ist also kein Zufall, dass Nelson in direkter Nachbarschaft zum National Monument steht.

Sterngucker, Kunstgucker, Stadtgucker

James Craig, der Architekt der New Town, entwarf das **Old Observatory** 3 1776 als Planetarium. Das benachbarte **City Observatory** vom Beginn des 19. Jh. geht auf William H. Playfair zurück. Nach langem Leerstand wird es derzeit für die **Collective Gallery** 4 umgebaut, eine Galerie für zeitgenössische Kunst. Man darf auf das Ergebnis gespannt sein.

Wer weder Sterne noch Kunst, sondern die Princes Street und die Old Town ins Visier nehmen möchte, ist bei Playfairs **Dugald Stewart Monument** 5 richtig. Der Rundtempel zu Ehren des Philosophen und Mathematikers Stewart ist eine Nachbildung des Athener Lysikrates-Denkmals.

UM DIE ECKE

Am Fuß des Calton Hill liegt ein beachtenswerter Friedhof. Der **Old Calton Burial Ground** 6 ist durch seine schwarz angelaufenen Mausoleen und Grabsteine sehr stimmungsvoll. Der Hingucker ist der Obelisk des **Martyrs' Monument** für die Männer, die ihre politischen Überzeugungen – sie hatten im Zuge der Französischen Revolution parlamentarische Reformen gefordert – 1794 mit der Deportation nach Australien bezahlten.

Das **David Hume Mausoleum** ist ein an das Theoderich-Grabmal in Ravenna angelehnter Rundturm. Der Philosoph Hume (1711–76), Autor des Traktats »A Treatise on Human Nature«, das die menschliche Natur skeptisch diskutierte, war ein erklärter Atheist. Acht Tage wachten seine offenbar sehr besorgten Freunde am Grab des frisch Bestatteten, um zu verhindern, dass der Teufel seine Seele holte. Er kam nicht.

T TIME BALL

Auf der Spitze des **Nelson Monument** 2 befindet sich der Time Ball, der von Montag bis Samstag täglich um 13 Uhr hinabfällt. Er bildete für die Seeleute in Leith das optische Zeitsignal, das von der One O'Clock Gun im Castle von Edinburgh akustisch ergänzt wird.

Nelson Monument

14

Hafencity im Umbruch – **Leith**

Edinburghs historisches Tor zur Welt ist ein charmantes Kontrastprogramm aus Alt und Neu. Auf Hafenbrachen entstanden – und entstehen noch – zeitgenössische Apartmentblocks, trendige Pubs und angesagte Restaurants. Auch die schottische Regierung hat sich hier angesiedelt. Von Leith Richtung Westen entstehen ganz neue Stadtviertel am Meer.

Der alte Hafen von Leith ist heute ein ruhiges und malerisches Gewässer, die Hafengasse Shore dafür umso lebhafter. Mit ihren Restaurants und Pubs ist sie für Freunde guten Essens mehr als nur ein Zwischenstopp – auf nach Leith, um zu genießen.

Noch in den frühen 1990er-Jahren galt der Hafenvorort Leith nach dem Niedergang des Hafenbetriebs als Problemviertel. Dafür waren die Mieten niedrig, auch die spätere Harry-Potter-Autorin J. K. Rowling lebte hier als Alleinerziehende. Doch plötzlich öffneten die ersten Restaurants und Bars inmitten vernachlässigter Straßenzüge. Trendsetter aus der City kamen, goutierten die Nachbarschaft zu heruntergekommenen Hafenanlagen. Das Regierungsgebäude der Regional-

regierung sowie das Shopping- und Kinocenter Ocean Terminal mit der Royal Yacht Britannia markierten die bauliche Wende. Leith wurde schick. Heute gibt es hier u. a. die höchste Dichte an Sternerestaurants in Schottland – geht man jedoch in die Hintergassen, verblasst der Regierungs- und Sterneglanz von Leith schnell.

Leiths Ursprünge

Von der ersten schriftlichen Erwähnung 1128 bis ins 19. Jh. war Leith Schottlands maritimes Tor zur Welt. Maria Stuart landete hier 1561, um die schottische Krone zu tragen, 1822 kam George IV. zu seinem viel beachteten Schottlandbesuch. Erst 100 Jahre später wurde Leith von Edinburgh eingemeindet, doch da ging es mit dem Ort schon spürbar bergab, weil der River Clyde im Westen für die moderne Schifffahrt geeigneter war.

Alter Hafen

Die Paradeansicht von Leith öffnet sich von der Brücke zwischen der Hafengasse Shore und dem Sandport am **Old Custom House** 1 (Altes Zollhaus) von 1810. Hier, wo das Water of Leith in den Firth of Forth mündete, lag die Keimzelle des einstigen Fischerdorfs und bis ins 19. Jh. auch der Haupthafen. Der **Signal Tower** 2, der 1685 als Windmühle erbaut wurde, markiert die mittelalterliche Hafeneinfahrt. Dass dieses schmale und stille Gewässer Schottlands wichtigster Hafen gewesen sein soll, lässt sich kaum noch nachvollziehen, so sehr hat sich die Szenerie verändert.

Hotel und Regierung als Trendsetter

Das stattliche Gebäude mit Zinnen und Türmchen neben dem Signal Tower kann als Symbol für Vergangenheit und Neuanfang gelten: Eines der stilsichersten Designhotels und -restaurants von Edinburgh, das **Malmaison** 3, entstand in einem ehemaligen viktorianischen Seemannsheim (1883). Auf dem Kai vor dem Hotel erinnert eine alte **Harpunenkanone** 4 an Leiths Vergangenheit als Stützpunkt für Walfänger.

Rundum stehen zahlreiche Neubauten. Besonders markant auf der nördlichen Seite der Leith-Mündung ist das Regierungsgebäude des **Scottish Government** 5. Der kompromisslos moderne Bau ist keine Schönheit, wurde aber aufgrund

Schlemmen an der hervorragenden Gastromeile Shore

W WALFANG

Auf dem Kai erinnert die blaue **Harpunenkanone** 4 an die Tradition der Walfänger in Schottland. Die frühere Reederei Christian Salvesen aus Leith hatte sich zu Beginn des 20. Jh. entschieden, in das Walfanggeschäft einzusteigen, und betrieb zeitweise die größte Walfangflotte der Welt. Man jagte Wale, um ihr Fett, den Tran, als Brenn- und industriellen ›Rohstoff‹ zu nutzen. Während der Walfang in Schottland schon lange keine Rolle mehr spielt, gilt die Fischerei noch immer als ›nationale‹ Industrie. Zwar wird, u. a. wegen Überfischung und immer größer werdender Boote, Fisch nur noch in wenigen schottischen Häfen angelandet, aber im Brexit-Referendum 2016 war die vermeintliche ›Rückgewinnung‹ der ›britischen‹ bzw. ›schottischen‹ Fischbestände ein wichtiges Thema.

INFOS/ÖFFNUNGSZEITEN

Royal Yacht Britannia 6: Ocean Terminal, www.royalyachtbritannia.co.uk, tgl. April–Sept. 9.30–16.30, Okt. 9.30–16, Nov.–März 10–15.30 Uhr, 15/13,50 £, 5–17 Jahre 8,50 £

Ocean Terminal 1: Ocean Drive, www.oceanterminal.com, Mo–Fr 10–20, Sa 10–19, So 11–18 Uhr, Bars, Restaurants und Kinos auch abends

KULINARISCHES FÜR ZWISCHENDRIN

Die **Hafengasse Shore** ist heute die wichtigste Gastromeile von Leith mit hervorragenden Adressen für frischen Fisch, ein frisch gezapftes Pint oder eine gute Tasse Kaffee. Top ist die Fisch- und Meeresfrüchteküche im **The Ship on the Shore** 1 (24–26 Shore, T 0131 555 04 09, www.theshipontheshore.co.uk, Küche tgl. 9–11.30, 12–22 Uhr, Hauptgerichte mittags 12,50–27 £, abends/reservieren 24–40 £). Im historischen Bistro-Pub **The King's Wark** 2 (36 Shore, T 0131 554 92 60, Mo–Fr 11–24, Sa/So 10–24 Uhr, abends reservieren, Hauptgerichte 11–17 £) gibt es u. a. Fish 'n' Chips sowie Wildgerichte. Sehr guten Kaffee und Wein sowie Snacks gibt es im **Toast** 3 (65 Shore, Tel. 0131 467 69 84, www.toastleith.co.uk, Mo–Do 8–22, Fr/Sa 9–24, So 9–21 Uhr). Gute Bistroküche mit Blick auf den Regierungssitz bietet das **Tartine** 4 (72 Commercial St., T 0131 554 25 88, www.cafetartine.co.uk). Beim Besuch der **Britannia** 6 können Sie im **Royal Deck Tea Room** (April–Sept. 10–16.45, Okt. 10–16.30, Nov.–März 10.30–16 Uhr, jeweils erster und letzter Einlass) königlich eine Kleinigkeit (Scones, Suppen, Sandwiches, Salate) zu sich nehmen.

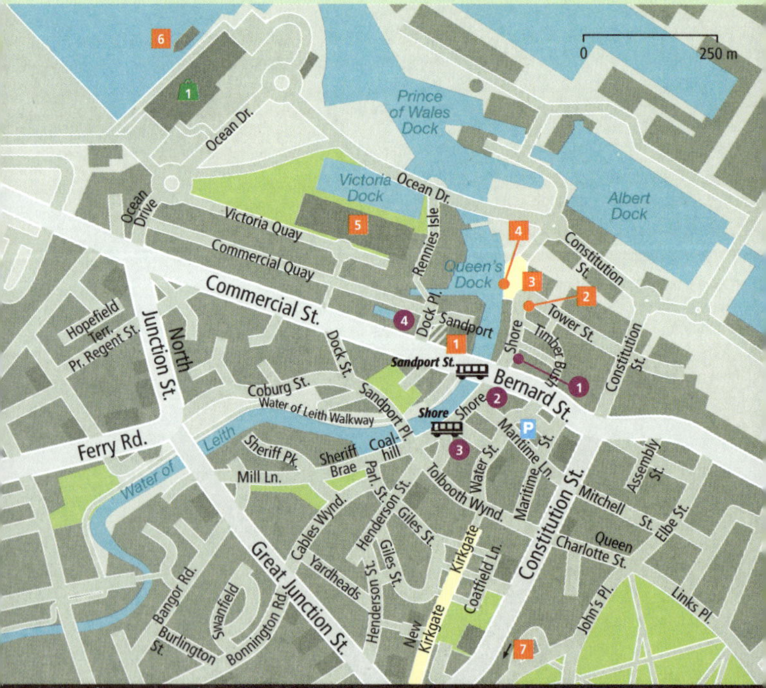

Cityplan: Karte 4 | Bus 16, 22, 36, 300 Sandport Street, Shore

der politischen Bedeutung 1999 von der Queen persönlich eröffnet. Spätestens mit der Ankunft der rund 2000 Regierungsbeamten war klar, dass Leith sich tatsächlich radikal ändern würde. Der ehrgeizige Sanierungsplan **Edinburgh Waterfront** sieht die Umgestaltung des ganzen Küstengürtels nach Westen zu über Newhaven bis nach Granton vor – vieles davon wurde bereits umgesetzt.

Ein Schiff für die Königin

Ein Sinnbild für den Neuanfang in Leith ist in Sichtweite der Regierung auch das 2001 eröffnete Einkaufs- und Kinozentrum **Ocean Terminal** 1. Wie es sich für ein Terminal gehört, ankert hier auch ein Schiff – allerdings als Museum, denn es handelt sich um ein besonderes Schiff: Die **Royal Yacht Britannia** 6 stand von 1953 bis 1997 als privater Luxusliner ganz im Dienst von Queen Elizabeth II. und ihrer Familie. Gerne gingen die Royals per Schiff auf Auslandsreise und empfingen die Staatsgäste dann an Bord. Zu den illustren Speisegästen zählten US-Präsidenten wie Reagan und Clinton, aber auch Russlands Präsident Jelzin und Südafrikas Freiheitskämpfer Nelson Mandela.

Alles ist im blumig-britischen 1950er-Jahre-Geschmack der Königin eingerichtet, von der eigenhändig ausgewählten Queen-Victoria-Bettwäsche bis zum kostbaren Silber und Porzellan des **Bankettsaals,** in dem die Großen dieser Welt bewirtet wurden. Im **Royal Deck Tea Room** ließ die Queen ihren Gästen einst Cocktails servieren. Heute kann jede und jeder bei Scones oder Suppe hier durch hohe Glasfronten einen herrlichen Meerblick genießen.

UM DIE ECKE

Der lange Straßenzug **Leith Walk** 7 verbindet die New Town von Edinburgh mit dem Hafenvorort. Im oberen Teil vom Picardy Place bis zur Armandale Street drängen sich einladende Restaurants, Cafés und Pubs. Auch die benachbarte **Broughton Street** ist voller guter Adressen. Dieses Viertel ist einer der quirligsten Ausgehorte der Hauptstadt. Wer aus Leith mit Appetit zurückkommt oder nicht auf Fisch steht, findet hier eine breite Auswahl an internationaler Küche. Als **Pink Triangle** ist der obere Leith Walk auch ein wichtiger Nightlife-Ort der Schwulen- und Lesbenszene.

R
RUHE

Hätten Sie auf der Royal Yacht Britannia angestellt sein wollen? Eine zweischneidige Angelegenheit, durfte die Queen von der 250-köpfigen Mannschaft doch nur in absoluten Ausnahmefällen gestört werden: Alle Arbeiten auf dem Deck der Königin mussten bis 8 Uhr morgens auf extrem leisen Sohlen ausgeführt sein.

Diese Küchlein gab es anlässlich des diamantenen Thronjubiläums von Queen Elizabeth II. im Royal Deck Tea Room.

#15

Königliche Fähre und imposante Brücken – **South Queensferry**

Die imposante rote Stahlbrücke der Forth Rail Bridge ist ein Wahrzeichen Schottlands und UNESCO-Welterbe. In ihrem Schatten war das kleine pittoreske South Queensferry 900 Jahre lang ein geschäftiger Fährhafen. Edinburghs nordwestlichster Vorort ist zugleich Ausgangspunkt für Schiffstouren im Forth und im Umfeld liegt eines der stattlichsten Herrenhäuser des Landes.

Rot und rot gesellt sich gern, auch wenn die Möwe die Forth Rail Bridge nicht braucht, um über den Fjord von South nach North Queensferry bzw. Dunfermline zu gelangen.

Um zwischen ihren wichtigen Machtzentren in Edinburgh und Dunfermline im nördlich gelegenen Fife pendeln zu können, musste Königin Margaret in der zweiten Hälfte des 11. Jh. regelmäßig den Firth of Forth passieren. Sie nutzte als

natürlichen Anleger für die ›Fähre der Königin‹ einige Felsen, **The Binks** 1, rund 15 km nordwestlich von Edinburgh. Daraus entstand schnell eine Fährsiedlung, South Queensferry, für eine der wichtigsten Fährverbindungen Schottlands, die bis zur Eröffnung der Autobrücke 1964 ununterbrochen in Betrieb war.

Malerische Kleinstadt

Von The Binks und der auf das 15. Jh. zurückgehenden **Priory Church** 2, unmittelbar an der zentralen Bushaltestelle Police Station in der Hopetoun Road, geht es in die schmale Altstadt.

Die **High Street** ist kurz, aber interessant und malerisch – an schönen Wochenenden drängt sich hier leider aber auch recht viel Autoverkehr. Drei **Terrassen** ermöglichen zur Rechten einen Spaziergang leicht oberhalb der Straße, unter den Terrassen befinden sich zum Teil nette kleine Geschäfte und Cafés. Zur Rechten liegt auch der alte **Tolbooth** 3 von 1635, der wie in Schottland üblich zugleich als Rathaus, Gericht und Gefängnis diente. Die Zellentüren sind im Durchgang unter dem Uhrenturm von 1887 erhalten geblieben.

Zur Linken eröffnen Lücken in der Häuserreihe immer wieder schöne Ausblicke über den Firth of Forth auf die Bahnbrücke. Hier findet auch das exzentrische Neujahrsschwimmen statt, wenn um die 1000 Schwimmer ein ›Loony Dook‹ nehmen – ein ›verrücktes Bad‹. Mehr zur interessanten Stadtgeschichte erfahren Sie im **Queensferry Museum** 4. Dahinter verlässt man die Altstadt und läuft an der **Uferpromenade** Richtung **Hawes Pier** auf das optische Highlight von Queensferry zu.

Achtes Weltwunder

Kein Bauwerk verkörpert den viktorianischen Ingenieursgeist Schottlands so sehr wie die rund 2,5 km lange rote **Forth Rail Bridge** 5 am östlichen Ortsrand. Nach dem Einsturz der Tay Bridge 1879 bei Dundee, bei der ein ganzer Zug mit Dutzenden Passagieren in die Tiefe stürzte, verlangte die Öffentlichkeit eine Rückversicherung, dass die bereits angedachte Brücke über den Forth ein in Stahl gegossener Schrein der Stabilität sein werde. John Fowler und Benjamin Baker ließen deshalb zwischen 1883 und 1890 insgesamt 51 000 t Stahl und 6,5 Mio. Bolzen

Ü
ÜBRIGENS

Sie begegnen einem von Kopf bis Fuß mit Kletten ›bekleideten‹ Mann, die Arme von sich gestreckt, gestützt auf blütenbehangene Stäbe? Dann sind Sie an einem zweiten Freitag im August in South Queensferry. Es ist **Ferry Fair** – und dann findet auch dieses skurrile Spektakel statt, die **Burry Man Parade.** Er, ein Einheimischer, muss in dem äußerst unbequemen Kostüm bis zu neun Stunden durch den Ort laufen. Da er ohne Hilfe nicht trinken kann, werden ihm Getränke zum Mund geführt, darunter auch Whisky. Das archaische Ritual soll bereits auf das 16. Jh. zurückgehen, doch der ursprüngliche Sinn ist nicht mehr bekannt. Soll hier um eine gute Ernte gebeten werden oder sollen die Sünden des Ortes am Burry Man kleben bleiben? Oder handelt es sich doch um ein Fruchtbarkeitsritual?

Die malerische High Street in South Queensferry bildet einen Kontrast zu den mächtigen Brücken über den Firth of Forth.

verbauen, um mit drei mächtigen, bis zu 110 m hohen Auslegern den Fjord zu überbrücken. Die Brücke hielt ihr Versprechen, doch 57 der 4600 Arbeiter bezahlten dafür mit ihrem Leben.

Die Bahnbrücke ist so riesig, dass passierende Züge von unten fast wie Spielzeug aussehen. Seit der Ernennung zum UNESCO-Welterbe gibt es nun Pläne, Teile der Brücke von der Nordseite her für die Öffentlichkeit begehbar zu machen.

Ü ÜBRIGENS

Die Einheimischen bezeichnen die Welterbe-Brücke kurz als »Mr Bridges«, die 1964 eingeweihte grazil wirkende **Forth Road Bridge** 6 wurde schnell zu »Mrs Bridges«. Seit 2017 wird das Brückenduo durch eine neue Autobahnbrücke ergänzt, die **Queensferry Crossing** 7, während die alte Autobrücke für Busse und Radfahrer weiter genutzt wird.

Unter Mr Bridges hindurch

Vom Hawes Pier, seit dem frühen 19. Jh. der zentrale Fähranleger, verkehren heute im Schatten der Bahnbrücke diverse Ausflugsschiffe, darunter die **Maid of the Forth** 1 und die **Forth Belle** 2. Dabei geht es unter der Forth Rail Bridge hindurch. Unter anderem wird das etwas weiter draußen gelegene Eiland **Inchcolm** angesteuert. Dort befand sich im Mittelalter eine **Abtei,** von der u. a. das achteckige Kapitelhaus aus dem 13. Jh. sowie der Kreuzgang aus dem 15./16. Jh. erhalten sind. Während der Weltkriege wurde Inchcolm wie alle Inseln im Forth schwer befestigt.

UM DIE ECKE

4 km westlich von South Queensferry ist **Hopetoun House** 8 inmitten eines weitläufigen Parks eines der beeindruckendsten Herrenhäuser Schottlands. Die lange Zufahrt durch den Park offenbart ein bauliches Schmuckstück des 18. Jh., dessen Ausgestaltung William Adam und seinen Söhnen Robert und John zuzuschreiben ist. Besonders die zentralen Gelben und Roten Salons sind sehr prunkvoll. Kostbares Meißner Porzellan und kunstvoll verzierte Stuckdecken, aber auch der prächtige Ballroom zeugen vom Reichtum der Hausherren.

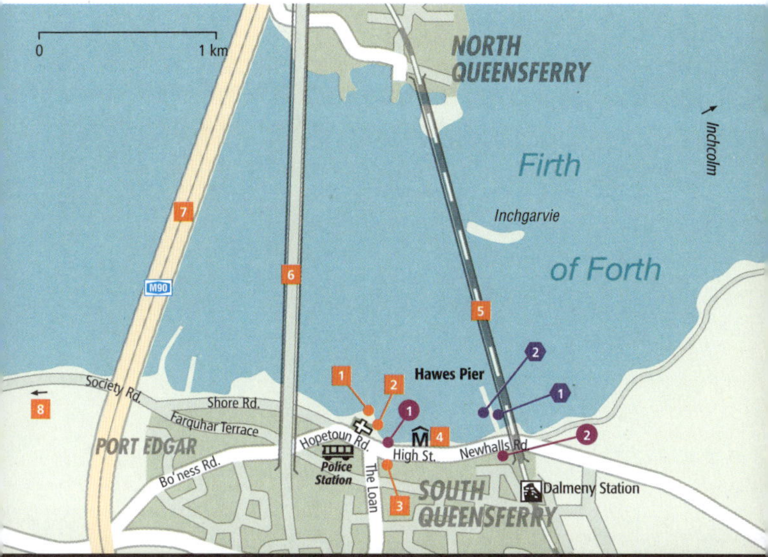

Cityplan: Karte 3, B 2 | **Bahn** bis Dalmeny Station, **Bus** 40/40A (First) bis Police Station, **Bus** ab Waverley Bridge in Kombination mit Bootstour s. u. Forth Belle

INFOS/ÖFFNUNGSZEITEN

Queensferry Museum 4: 53 High St., T 0131 331 55 45, www.edinburghmuseums.org.uk, tgl. 10–13, 14.15–17 Uhr Eintritt frei

Hopetoun House 8: T 0131 331 24 51, www.hopetoun.co.uk, nicht mit öffentlichen Verkehrsmitteln erreichbar, Ostern–Sept. tgl. 10.30–17 Uhr, 10,50/9 £, Kinder 5,50 £. Hervorragender Tearoom. Es gibt auch einen Farm Shop (tgl. 10–17 Uhr).

Maid of the Forth 1: Unit 2, Hawes Pavillion, Hawes Pier, www.maidoftheforth.co.uk, Buchung online oder vor Ort, Rundfahrt ab Hawes Pier, 1,5 Std., 13/12 £, 5–15 Jahre 6 £, mit 1,5 Std. auf Inchcolm zzgl. 5,50/4,40/3,30 £.

Forth Belle 2: www.forthtours.com, Buchung online, 1,5 Std. Rundfahrt ab Port Edgar Marina oder Hawes Pier, 1,5 Std. 14/13 £, 5–15 Jahre 7 £, mit 1,5 Std. auf Inchcolm wie 1. Forth Tours bietet auch die **Bridges Tour** an: April–Okt. 2–4 x tgl. per Bus ab Waverley Bridge (H 4) nach South Queensferry und dann mit der Forth Belle über den Meeresarm (22/20 £, 5–15 Jahre 11 £; zzgl. Inchcolm; s. hierzu auch ► S. 113).

KULINARISCHES FÜR ZWISCHENDRIN

Mit perfektem Blick auf die rote Forth Rail Bridge kann man im **Orocco Pier** 1 (17 High St., T 0870 118 16 64, www.oroccopier.co.uk, Antico Bar tgl. 7–1 Uhr, Hauptgerichte 10–21 £) herzhaft essen oder auch nur etwas trinken. Zum Haus gehört auch ein schickes Boutiquehotel. Gute schottische Pubküche gibt es im **Hawes Pier Inn** 2 (7 Newhalls Rd., T 0131331 19 90, www.vintageinn.co.uk, Hauptgerichte 9–20 £). Der historische Inn (1683) am alten Fähranleger spielt in Robert Louis Stevensons (er nächtigte einst hier) Abenteuerroman »Kidnapped« (»Entführt – Die Abenteuer des David Balfour«) eine wichtige Rolle

EINTRITTSKARTEN *in eine andere Welt …*

Hier einige persönliche Favoriten jenseits des Nationalmuseums und der Nationalgalerien.

UND JETZT ENTSCHEIDEN SIE!

City Art Centre
Tgl. 10–17 Uhr
Eintritt frei

JA NEIN

Städtische Gemäldesammlung auf mehreren Etagen zwischen Hauptbahnhof und Altstadt mit Werken ab ca. 1650, ergänzt von regelmäßigen Sonderschauen. Mit Café.

Karte 2, H 5, www.edinburghmuseums.org.uk

Dovecot Gallery
Mo–Sa 10.30–17.30 Uhr, Besucherbalkon Studio für Teppichweber Mo–Fr 12–15, Sa 10.30–17 Uhr
Eintritt frei

JA NEIN

Die Galerie in einem ehemaligen Hallenbad präsentiert Ausstellungen zeitgenössischer Kunst. Ungewöhnlich ist der Blick in das Studio für Teppichweberei, in dem Künstlerentwürfe umgesetzt werden.

Karte 2, J 5, www.dovecotstudios.com

Dynamic Earth
Kernzeiten tgl. 10–17.30 Uhr, Nov.–März nur Mi–So 10–17.30 Uhr
15,50/13,50 £, 4–15 Jahre 9,75 £

JA NEIN

Hier erleben Sie eine audiovisuelle Zeitreise vom Urknall durch die Erdgeschichte bis zu aktuellen Fragen der Klimaentwicklung. Mit einem Audioguide können Sie die Show auch auf Deutsch verfolgen.

Karte 2, K 5, www.dynamicearth.co.uk

The Edinburgh Dungeon
Kernzeiten tgl. 10–17, Mitte Juli/Aug. tgl. 10–18 Uhr
17,95 £, Kinder 13,95 £

JA NEIN

Gruselshow, bei der Sie mitmachen müssen (dürfen): Kostümierte Akteure lassen Sie in Edinburghs dunkle und kriminelle Vergangenheit eintauchen.

Karte 2, H 5, www.thedungeons.com/edinburgh

Fruitmarket Gallery
Tgl. 11–18 Uhr
Eintritt frei

In einem früheren Obst- und Gemüsemarkt gegenüber dem City Art Centre finden heute regelmäßig Wechselausstellungen schottischer und internationaler zeitgenössischer Kunst statt. Mit Kunstbuchladen und Café.

Karte 2, H 5, www.fruitmarket.co.uk

JA NEIN

Museum on the Mound
Di–Fr 10–17 Uhr
Eintritt frei

Im einstigen Hauptquartier der 1695 gegründeten Bank of Scotland geht es um die Geschichte des schottischen Finanzwesens. Die Bank gab 1696 das erste Papiergeld Europas heraus.

Karte 2, H 5, www.museumonthemound.com

JA NEIN

Open Eye Gallery
Mo–Fr 10–18, Sa 10–16 Uhr
Eintritt frei

Zeitgenössische Maler und Bildhauer stellt diese anspruchsvolle Galerie am Rand der New Town in regelmäßigem Wechsel aus. Hier können Sie Kunst nicht nur betrachten, sondern auch käuflich erwerben.

G 3, www.openeyegallery.co.uk

JA NEIN

Stills Centre of Photography
Mo–Sa 11–18 Uhr, im Sommer auch So
Eintritt frei

Seit 1977 hat sich das Stills als bedeutendes Zentrum für zeitgenössische Fotografie etabliert. Hier finden Ausstellungen statt, zugleich ist es Fotolabor und Studio für angehende Fotografen.

Karte 2, H 5, www.stills.org

JA NEIN

Talbot Rice Gallery
Mo–Fr 10–17,
Sa/So 12–17 Uhr (nur bei Ausstellungen)
Eintritt frei

Die Galerie der Universität Edinburgh im eleganten Old College an der South Bridge ist für die hier spannend in Szene gesetzten Wechselausstellungen zeitgenössischer Kunst bekannt.

Karte 2, H 5, www.ed.ac.uk/talbot-rice

JA NEIN

Literarische Spurensuche

Edinburgh lebt und liebt Literatur – deren Thema oft die dunkle, kriminelle Seite der Menschen ist. 2004 würdigte die UNESCO Edinburgh als erste »Weltstadt der Literatur«. Autoren von Walter Scott über Robert Louis Stevenson bis zu Ian Rankin und J. K. Rowling rechtfertigen diese Ehrung.

Die literarischen Klassiker

The Writers' Museum Karte 2, H 5
Das kleine Museum im historischen Lady Stair's House von 1622 ist ganz den Urvätern der schottischen Literatur gewidmet: Robert Burns, Sir Walter Scott und Robert Louis Stevenson.
Burns (1759–96) machte den schottischen Dialekt in seinen Gedichten literaturfähig, als Lowland Scots von der höheren Gesellschaft abwertend als ›Bauernsprache‹ missachtet wurde. Mit Werken wie »My heart is not here, my heart is in the Highlands« oder »My love is like a red, red rose« schuf er wahre Klassiker und sein »Auld Lang Syne« läutet in angelsächsischen Ländern traditionell das neue Jahr ein.
Aufbauend auf den Erfolgen Burns' war es **Walter Scott** (1771–1832), der mit seinen historischen Romanen eine völlig neue Literaturgattung schuf. Den Schotten dichtete er eine noble Highland-Vergangenheit an und kurbelte so auch den Tourismus an. König George IV. zwängte er erfolgreich in einen Kilt, und durch seine romantisierenden Werke legte er die Grundlage für eine neue positive kulturelle Identität der Schotten.
Ein weltweiter Erfolg wurde für **Robert Louis Stevenson** (1850–94) »Die Schatzinsel«, und seine im 18. Jh. angesiedelte Abenteuergeschichte »Entführt. Die Abenteuer des David Balfour« spielt teilweise im Hawes Inn in South Queensferry. Stevenson – als einziger der drei Literaten in Edinburgh geboren – ist aber auch derjenige, der die dunkle Seite der Stadt in die Literatur einführte: »Der seltsame Fall des Dr. Jekyll und Mr. Hyde« offenbart mit Bezug zum wahren Fall des Deacon Brodie das »Doppelleben der Stadt« (Stevenson) und wurde zur Grundlage heutiger Krimiautoren.
Lady Stair's Close, www.edinburghmuseums.org.uk, tgl. 10–17Uhr, Eintritt frei

Harry Potters Geburtsort

Elephant House Karte 2, H 5
Mitte der 1990er-Jahre saß eine alleinerziehende Mutter mit ihrem Kleinkind gelegentlich an einem Cafétisch im Elephant House. Sie schrieb mit dem grandiosen Blick auf Edinburgh Castle an einem Kinderroman mit einem jungen Zauberer namens Harry Potter im Mittelpunkt … **J. K. Rowling** (geb. 1966) war zwar auch in anderen Cafés zu Gast, aber beim Blick auf die düstere Burg fällt es schwer, nicht sofort an die Zauberschule Hogwarts zu denken. Rowling suchte und fand im Umfeld des Cafés für ihre Geschichte und ihre Charaktere Inspiration, so gibt es ganz in der Nähe eine Straße namens Potterrow. Das Elephant House wird auch in mehreren Rebus-Romanen von **Ian**

S
SCOTT

Walter Scotts Einfluss war so groß, dass nicht nur Edinburghs Hauptbahnhof nach seinem Waverley-Roman, sondern auch der Fußballverein Hearts nach Scotts Roman »Heart of Midlothian« benannt wurden. Klassiker wie »Rob Roy« und »Ivanhoe« wurden erfolgreich verfilmt.

Rankin (geb. 1960) erwähnt. Aber ob sich der grantige Inspector in dem Café heute noch wohlfühlen würde? Die Pottermania hat dazu geführt, dass das Café zu einer Sehenswürdigkeit an sich geworden ist. Erst an der Theke bestellen, dann wird der Sitzplatz zugewiesen.
21 George IV Bridge, T 0131 22 05 33 55, www.elephanthouse.biz, Mo–Fr 8–22, Sa 9–22 Uhr, Hauptgerichte 8–11 £

Wenn Gräber sprechen könnten

Greyfriars Kirkyard 🕮 H 6
Lange war der Friedhof aus dem 16. Jh. vor allem für den treuen Hund **Bobby** bekannt, der hier 14 Jahre lang am Grab seines Herrchens (rechts vom Eingang) gewacht haben soll, seine düstere Vergangenheit und seine verwunschenen Gräber bekannt. Denn 1678 schrieb Greyfriars Geschichte: 1638 hatten sich viele schottische Würdenträger in einem Covenant gegen die religiösen Vorgaben ihres Monarchen gewandt. 40 Jahre später ließ König Charles II. durch seinen Statthalter Lord Advocate Sir George Mackenzie 1000 ihrer Nachfahren in einem Freiluftgefängnis auf dem Friedhofsareal einkerkern. Viele der Gefangenen starben an den unmenschlichen Bedingungen. **Mackenzies Grabstätte** an der Südmauer gilt heute als verwunschen, da seine Seele so nahe bei seinen Opfern nicht zur Ruhe komme. Doch heute ist der Friedhof aus anderem Grund zur Pilgerstätte geworden: **J. K. Rowling** wählte für die Figuren ihrer Potter-Saga auch Namen von den Grabsteinen des Greyfriars Kirkyard. Am bekanntesten wurde **Thomas Riddell** (im hinteren Teil rechts), der in den Romanen als düsterer Lord Voldemort Angst und Schrecken verbreitet. Das Grab des echten Riddell besuchen heute Voldemort-Fans und schmücken es sogar mit Blumen – wenn Literatur auf Realität trifft …
Die Schauspielerin Maggie Smith (geb. 1934) selbst lebt zwar noch – doch der Namensgeber einer ihrer Filmrollen liegt ebenfalls hier begraben: **William McGonagall.** Der angeblich schlechteste schottische Dichter aller Zeiten lieferte den Namen für Minerva McGonagall, die Hogwarts-Professorin. Dame Maggie Smith spielte auch **Jean Brodie** in »Die Blütezeit der Miss Jean Brodie« (»Die Lehrerin«), jene vom Faschismus verblendete Lehrkraft, die ihre Lieblingsschülerinnen mit höchst fragwürdigen Methoden an sich zu binden sucht. Einige Szenen dieser Verfilmung des Romans der Edinburgher Autorin Muriel Spark wurden auf dem Friedhof gedreht.
Greyfriars Pl./Candlemaker Row, immer offen, Eintritt frei

Elementary, Watson!

Surgeons' Hall Museums 🕮 J 6
Ende des 19. Jh. verblüffte Joseph Bell am medizinischen Royal College of Surgeons Medizinstudenten mit seiner einzigartigen Beobachtungsgabe. Unter den angehenden Ärzten: ein gewisser **Arthur Conan Doyle,** geb. 1859 am Picardy Place am Rand der New Town. So wurde Bell zur Vorlage des größten Detektivs aller Zeiten: Sherlock Holmes. Einziger Haken: Conan Doyle siedelte Holmes nicht in seiner Heimatstadt, sondern in London an – dumm gelaufen.
Im **Museum für Chirurgie und Anatomie** sind fast alle menschlichen Körperteile, eingelegt in konservierende Lösungen, zu sehen. Virtuell kann man sogar einer Obduktion im Jahr 1702 beiwohnen. Auch ein kriminalistisches Kuriosum findet sich: die Totenmaske des **William Burke,** der 1829 für 17 Morde hingerichtet wurde, die er mit seinem Kumpan Hare verübt hatte. Zweck der Gräueltaten: Burke verkaufte die Leichen unter der Hand gegen gutes Geld an einen angesehenen Arzt (der nie belangt wurde). Immerhin wurde die Anatomie 1832 gesetzlich geregelt und das so einträgliche wie gruselige Geschäft des Leichenklaus kam zum Erliegen. Skurril ist ein kleines Notizbuch, dessen Einband aus der Haut Burkes gefertigt wurde.
Nicolson St., https://museum.rcsed.ac.uk, tgl. 10–17 Uhr, 7 £, ermäßigt 4 £

Cheers, Inspector!

Oxford Bar ✪ Karte 2, F 4
Wenn in **Ian Rankins** Krimis Ex-Inspector Rebus Durst hat – und das

IAN RANKIN UND DER TARTAN NOIR

Er ist grantig, er raucht und trinkt zu viel, seine Beziehungen halten nicht lange und er missachtet gerne Regeln – Detective Inspector John Rebus ist der Prototyp für einen kantigen Ermittler.
Der Autor hinter dieser Detektiv-Figur heißt **Ian Rankin** (geb. 1960, Foto S. 120), der Rebus Mitte der 1980er-Jahre während seiner Unizeit erfand. Rankin überzeugt durch seine pointierte Schreibweise und das lebendige Bild, das er vom ›dunklen‹ Edinburgh sowie von den aktuellen gesellschaftlichen Ereignissen und Problemen in Schottland entwirft. Das macht ihn zum unbestrittenen und mehrfach ausgezeichneten ›Master of Crime‹ in Schottland. Der Anti-Held Rebus ist inzwischen zwar schon pensioniert, doch sein Kampf mit der schottischen Unterwelt lässt ihn nicht ruhen. Und so gibt es regelmäßig neue Bände.

FÜNF FRAGEN AN IAN RANKIN

Herr Rankin, was hat Sie motiviert, über schwere Verbrechen in Edinburgh zu schreiben?
Vor allem wollte ich über das Edinburgh von heute schreiben, eine komplexe Stadt mit einer komplexen Geschichte und entsprechenden sozialen und wirtschaftlichen Problemen. Aber niemand schien über dieses Edinburgh zu schreiben. Für mich war ein Detektiv als Hauptfigur ideal, weil er problemlos mit Leuten von ganz oben und ganz unten in Berührung kommt.

Wie schwierig ist es, eine gute Geschichte zu entwerfen?
Die meisten meiner Geschichten entwickeln sich aus echten Nachrichten. Dann versuche ich diese Story mit einem sozialen Thema oder einer moralischen Frage zu verknüpfen. Und ich bleibe mit den Geschichten in Edinburgh, weil ich die Stadt noch immer nicht ganz verstehe.

Hat sich Ihr Blick auf Edinburgh verändert, weil Sie sich so lange mit der ›dunklen Seite‹ beschäftigt haben?
Nein, das glaube ich nicht. Aber durch seine Arbeit hat Rebus eine ziemlich zynische Sicht auf Edinburgh. Für ihn ist die Stadt eine Serie von Verbrechen und Tatorten – solche, die schon passiert sind und solche, die vielleicht noch kommen werden. Er kann nicht mehr die Schönheit von Edinburgh sehen – und das ist schade …

Wie hat sich Edinburgh seit den 1980er-Jahren verändert?
Der Wandel ist überall: Die Restaurants sind viel besser, auch das Bier. Die Kriminalitätsprobleme (Prostitution und Drogen) sind vielleicht nur weniger sichtbar. Wir haben nun ein regionales Parlament, unser Bankensystem wuchs, krachte dann zusammen und wächst nun wieder. Aber die eigentliche Natur der Stadt – ihr einzigartiger Charakter – bleibt von alldem unberührt. Edinburgh ist innen größer, als man von außen meint!

Was mögen Sie an Edinburgh besonders? Was können Sie empfehlen?
Es gibt viele wunderbare Aktivitäten, die zudem noch völlig kostenlos sind: Ein Bummel durch die New Town, der Blick vom Calton Hill auf die Stadt, ein Besuch der Museen und Galerien … schön ist auch der Water of Leith bei Stockbridge. Und nicht zu vergessen die ruhigen traditionellen Bars, wie z. B. das Abbotsford, die Bow Bar oder Kay's Bar, um ein Bierchen oder einen Malt Whisky zu trinken!

hat er oft –, zieht es ihn gerne in die unscheinbare Oxford Bar in der New Town. Mit Rebus hat Rankin quasi im Alleingang die Literaturgattung des Tartan Noir erfunden. Ausgehend von Stevensons Beobachtung des »Doppellebens der Stadt«, aber ohne das Genie eines Sherlock, muss sich der grantige Polizist in mühsamer Kleinarbeit mit den unliebsamen Seiten des großstädtischen Alltags beschäftigen. Dabei stößt er immer wieder auf anscheinend ehrbare Geschäftsleute, Bankiers, Politiker und andere ›Stützen der Gesellschaft‹. Rankin versteht es meisterhaft, spannende Kriminalfälle mit aktuellen Entwicklungen und Ereignissen zu verknüpfen. Aktuell ist Rebus zwar schon in Rente, ermittelt aber u.a. in »Ein kalter Ort zum Sterben« gerne weiter, denn seine Gegenspieler aus der Unterwelt ruhen nicht.

8 Young St., T 0131 539 71 19, www.oxfordbar.co.uk, Mo–Sa 12–24, So 12.30–23 Uhr

Illustre Hausgemeinschaft

44 Scotland Street 🕮 G 3

Leichtere Kost sind die unterhaltsamen Kurzgeschichten über die Hausgemeinschaft der 44 Scotland Street in der nördlichen New Town. Die Straße gibt es tatsächlich, aber nicht die Hausnummer. Im Vordergrund steht u. a. der kleine Junge Bertie, der mit seiner strengen Mutter Irene ständig Probleme hat. Auch der Schönling Bruce kommt nicht immer gut weg – **Alexander McCall Smith** (geb. 1948) schrieb die Geschichten für den ›Scotsman‹, später erst erschienen sie in Büchern.
Der ehemalige Professor hat noch weitere literarische Figuren erfunden, darunter die in Edinburgh lebende Philosophin Isabel Dalhousie.

Scotland St., New Town, Bus 8 Broughton Place

Dan Browns Meisterwerk

Rosslyn Chapel 🕮 Karte 3, D 4

Am südlichen Stadtrand von Edinburgh liegt ein architektonisches Kleinod: die geheimnisvolle Rosslyn Chapel aus dem 15. Jh. Die ungewöhnlich reich verzierte Kirche offenbart z. B. einen Dudelsack

Rosslyn Chapel

spielenden Engel, einen gefesselten Teufel, aber auch einen heidnischen Green Man. Besonders kunstvoll ist die sogenannte Lehrlingssäule geraten.
Der Legende nach soll der Meister über die Kunst seines Gesellen so erbost gewesen sein, dass er ihn erschlug.
Rosslyn wurde auch mit der Vermutung in Verbindung gebracht, dass Amerika schon viel früher, nämlich von Vorfahren des Erbauers William St. Clair, Prinz von Orkney entdeckt worden sei. Mancher vermutete sogar das Grab Merlins unter dem Kirchboden.
Die großartige Ausstattung und die vielen Legenden und Geheimnisse hatten die Kirche seit Längerem zu einem Insidertipp gemacht, doch oft konnte man die Kirche ganz allein besuchen.
Das wäre noch heute so, wenn nicht **Dan Brown** die Schlussszenen seines Mega-Bestsellers »Sakrileg« (»The Da Vinci Code«) in Rosslyn angesiedelt hätte, der mit Tom Hanks und Audrey Tautou verfilmt wurde. Seither ist die Kirche – zu Recht – zu einer bekannten Touristenattraktion geworden.

Chapel Loan, Roslin, www.rosslynchapel.com, Lothian Bus 37 (via Roslin) ab Princes St., Mo–Sa 9.30–18 (Sept.–Mai bis 17), So 12–16.45 Uhr, 9 £, ermäßigt 7 £, Kinder Eintritt frei

Pause. Einfach mal abschalten

Genug vom Stadtbummel? Neben den schon in den Direktkapiteln beschriebenen Parks und Gärten hat Edinburgh noch mehr Grünflächen und Orte am Wasser zu bieten. So versprechen etwa ein Abstecher nach Portobello oder nach North Berwick Entspannung pur.

Park mit Burgblick

Princes Street Gardens
Karte 2, F–H 4/5
Das sollten Sie sich nicht entgehen lassen, wenn Ihnen die Füße vom Stadtrundgang wehtun. Gehen Sie einfach an der Princes Street in den angrenzenden Park, setzen Sie sich auf eine der endlos aufgereihten Sitzbänke und genießen Sie das einmalige Panorama mit den historischen Hochhäusern der Altstadt und dem steil aufragenden Edinburgh Castle als Blickfang. Schöner kann ein Park mitten im Stadtzentrum kaum gelegen sein – hier finden Sie mitten im Getümmel Ruhe und Entspannung. Es ist auch kaum vorstellbar, dass der Talboden einst von einem übel riechenden See, dem Nor Loch, bedeckt war. Hier leiteten die Edinburgher ihre Abwässer hinein. Heute fahren am tiefsten Punkt die Züge in den Hauptbahnhof Waverley, während die Rasenflächen zum Picknick einladen. Es gibt zudem im westlichen Teil eine **Open-Air-Bühne** und ein **Café.** Sehenswert ist die **Blumenuhr** am Abzweig zum Mound.
Princes St., tagsüber frei zugänglich

Schokolade für die Seele

The Chocolate Tree F 8
Der Schokoladenbaum mitten im südwestlichen Vorort Bruntsfield ist eine einzige süße Versuchung: Himmlische Bio-Schokolade, Trüffel und Eis sorgen für Glückshormone. Es ist sogar ein veganer Schokokuchen im Angebot. Im Café selbst stehen nur wenige Tische, sodass alles ziemlich intim wirkt.
123 Bruntsfield Pl., T 0131 228 31 44, www.choctree.co.uk, Bus 11, X15, 16, 23, 36, 45 Forbes Road, tgl. 10–19.30 Uhr

Park im Univiertel

The Meadows G/H 7
Nicht mit einer Traumlage wie die Princes Street Gardens gesegnet, aber dafür größer und komplett flach sind die Meadows, eine riesige Rasenfläche. Bei schönem

Bei Wind und Wetter: Entspannung am Strand von Portobello

Wetter wird hier Fußball gespielt, der Golfschläger ausgepackt oder einfach gepicknickt – die Studierenden der am Nordrand gelegenen Uni vertiefen sich hier in ihre Bücher oder verbringen plaudernd mit Freunden die Zeit.

Zwischen Bruntsfield Pl. und Hope Park Crescent

Edinburghs einstiges Seebad

Portobello Karte 3, D/E 3

Im Stadtzentrum von Edinburgh kann man schnell vergessen, dass die schottische Hauptstadt nur wenige Kilometer von der Küste entfernt liegt. Mit Portobello verfügt Edinburgh am kalten Firth of Forth sogar über ein einstmals sehr populäres Seebad. Der malerische Name geht auf eine Seeschlacht 1739 gegen die Spanier bei Puerto Bello zurück. Im 19. und frühen 20. Jh. tummelten sich am Strand die erholungssuchenden Hauptstädter in Scharen. Doch dann flogen auch die Schotten lieber in den warmen Süden. Zurück blieb eine rund 2 km lange **Strandpromenade** mit einem schmalen Sandstreifen, die zu einem erholsamen Spaziergang einladen. Von der parallel zum Strand verlaufenden Portobello High Street, an der die Busse aus Edinburghs Zentrum halten, führt die Bath Street als zentraler Zugang direkt auf die Strandpromenade. Badehotels, Restaurants oder weitere Attraktionen sucht man heute vergeblich, aber **The Beach House** (57 Bath St., T 0131 657 26 36, www.thebeachhousecafe.co.uk, tgl. 9–21.30 Uhr, im Winter kürzer) ist ein freundliches Café-Bistro mit großen Fenstern zum Meer hinaus. Serviert werden Gerichte mit vielen Bio-Zutaten, Fairtrade-Kaffee und sehr leckerer Kuchen.

Lothian Bus X15, 26, 45, Bus 42 verbindet Portobello via Duddingston mit der südlichen Innenstadt

Ausflug zu den Vogelinseln

North Berwick

Karte 3, östlich außerhalb

Wer mehr Seebad haben möchte, sollte sich, wie Robert Louis Stevenson Ende des 19. Jh., auf den Weg ins 40 km entfernte North Berwick machen. Der adrette kleine Küstenort versprüht maritimen Charme und von seiner lebendigen High Street sind es nur wenige Schritte zum alten Hafen. Der galt im Mittelalter als wichtiger Pilgerort, denn von hier ging es hinüber nach Fife zur Kathedrale von St. Andrews. Heutige Gäste kommen vor allem, um vom Boot aus die unter Naturschutz stehenden Vogelinseln **Craigleith** und **Bass Rock** in Augenschein zu nehmen. Auf Craigleith nisten u. a. Papageientaucher *(puffins)*, das schroffe Felseneiland Bass Rock hingegen ist ganz im Besitz von Zehntausenden Basstölpeln *(gannets)* und von deren Vogelkot völlig weiß. Bass Rock ist ein Highlight!

Eine gute Einstimmung auf die maritime Vogelwelt bietet am Hafen der Besuch des hervorragenden **Scottish Seabird Centre** (The Harbour, T 01620 89 02 02, www.seabird.org, Febr.–März, Sept.–Okt. tgl. 10–17, April–Aug. 10–18, Nov.–Jan. Mo–Fr 10–16, Sa/So 10–17 Uhr, 8,95 £, ermäßigt 6,95, 3–15 Jahre 4,95 £). Im Centre gibt es **Infos** zu Schiffstouren sowie ein nettes **Café.** Im gezeitenabhängigen Hafen startet die **Sula II** zu **Rundfahrten** (www.sulaboattrips.co.uk, 18 £, 3–15 Jahre 11 £).

Bahn ab Edinburgh Waverley Station (www.scotrail.co.uk), ca. 35 Min., einfache Fahrt 6,70 £, 5–15 Jahre 3,35 £, bis zu 2 Kinder unter 5 Jahre pro zahlendem Erwachsenen frei, Tagesrückfahrkarten *(day returns)* sind günstiger

F
FUSSWEH

Ihre Füße schmerzen schon? Aber Sie wollen noch etwas von Edinburgh sehen? Dann setzen Sie sich doch in einen der **Sightseeing-Doppeldeckerbusse.** Am besten aufs Oberdeck. Wenn Sie Ihre Ruhe haben möchten, verzichten Sie auf die Kopfhörer – und wenn Sie doch nicht nur schauen und entspannen, sondern auch noch etwas über die Stadt erfahren möchten: Den Erläuterungen können Sie sogar auf Deutsch lauschen (▶ S. 113).

Sleep well!

So vielfältig wie die Stadt sind auch die Übernachtungsmöglichkeiten in der schottischen Hauptstadt: Von lebhaften Hostels mit internationaler Atmosphäre über eher traditionelle Guest Houses bis zu netten Ferienwohnungen und topmodernen Designerhotels hinter schmucken Fassaden ist das Angebot auf (fast) jeden Geschmack und Geldbeutel zugeschnitten.

Natürlich haben auch in Edinburgh große Hotelketten einen hohen Marktanteil, es ist aber kein Problem, privat geführte Häuser zu finden. Einzige bedeutende Ausnahme ist der Festivalmonat August, wenn die Stadt oft ausgebucht ist und die Preise dramatisch in die Höhe gehen. Auch Silvester *(hogmanay)* ist sehr populär.

Im Budgetbereich steht in Edinburgh eine breite Palette an Hostels zur Verfügung, die im Sommer durch leer stehende Studentenwohnheime ergänzt werden. Traditionelle *guest houses* können vom Charakter und der Größe her alles zwischen einer Pension und einem kleinen Hotel sein. Der Trend geht aber auch in Edinburgh immer stärker zu Ferienwohnungen oder Privatangeboten wie Airbnb.

Für ein Bett im Hostel müssen Sie 14–25 £ rechnen, für ein DZ mit Frühstück im *guest house* ab ca. 70–75 £, Hotels kosten ab ca. 100 £, am Wochenende steigen die Preise z. T. deutlich. Zimmer ohne Frühstück *(room only)* gibt es immer öfter, Zimmer mit/ohne eigenes Bad/WC sind zumeist als *en-suite/standard* gekennzeichnet.

Castle Rock Hostel in der Edinburgher Altstadt

ZUM SELBST ENTDECKEN

Am stimmungsvollsten ist die **Old Town.** Überraschenderweise finden sich hier die meisten Hostels.

In der angesagten **New Town** gibt es eine große Vielfalt an Unterkünften mit *guest houses*, Hotels sowie einigen Szeneadressen mit Restaurant und Bar.

Wer es etwas ruhiger möchte, findet in der **nördlichen New Town,** in **Pilrig** (Abzweig vom Leith Walk), in **Newington** oder auch in **Bruntsfield** gute Adressen, vor allem schmucke *guest houses.*

Mehr Budgethotel als JH
Edinburgh Central Youth Hostel
J 3

Das moderne Großhostel mit fast 300 Betten am Leith Walk gehört zum Herbergsverband Hostelling Scotland (JH-Ausweis erforderlich). Statt großer Schlafsäle gibt es kleinere Mehrbettzimmer, aber auch DZ und EZ sowie behindertengerechte Zimmer mit eigenem Bad/WC. Im EG befinden sich ein Café sowie ein Reisebüro für Schottlandausflüge. Im Juli/August wird das Angebot durch zwei Sommerhostels – nebenan und am Rande der Altstadt – ergänzt. Trotzdem wird es im Sommer schnell voll und auch die Wochenenden sind sehr beliebt.

9 Haddington Pl. (Leith Walk), T 0131 524 20 90, www.hostellingscotland.org.uk, Bus 7, 10, 11, 12, 14, 16, 22, 25, 49 Elm Row, Bett ab ca. 18 £, DZ ab ca. 50 £, Frühstück 5,50 £/Person

Im Schatten der Burg
Castle Rock Hostel Karte 2, G 5

Schöner und zentraler kann ein Hostel in Edinburghs Old Town kaum liegen: Nur wenige Meter vom Burgzugang entfernt haben einige der hellen Schlafsäle (bis zu 16 Betten) nach Süden zu einen wunderbaren Blick über den Grassmarket hinweg. In dem relaxten 200-Betten-Haus gibt es auch einige (heißbegehrte) DZ sowie eine gemütliche Lounge. Für Selbstversorger steht eine Küche zur Verfügung. 2015/16 als bestes Hostel in Edinburgh ausgezeichnet.

15 Johnston Terrace, T 0131 225 96 66, www.castlerockedinburgh.com, Bus 23, 27, 41, 42, 67 Royal Mile/National Library of Scotland, Bett ab 14 £, DZ ab 45 £, kontinentales Frühstück 1,50 £/Person

Gastfreundlich mit Erkerfenster
Abbotsford Guest House J 1

Paola Crolla hat schottisch-italienische Vorfahren. Sie bietet auf halbem Weg nach Leith in einer ruhigen Straße mit mehreren Pensionen eine solide 3-Sterne-Unterkunft in einem schönen Haus mit großem Erkerfenster. Die acht Zimmer sind hell und freundlich, es gibt auch Familienzimmer.

36 Pilrig St., T 0131 554 27 06, www.abbotsfordguesthouse.co.uk, Bus 11 Dryden Street, DZ/ÜF ab ca. 70 £

Literarische Wurzeln
Castle View Guest House
Karte 2, F 4

Die freundliche Pension in einem georgianischen Stadthaus liegt mitten im edlen Wohnviertel der New Town. Über vier Stockwerke verteilt stehen 18 dezent eingerichtete Zimmer zur Verfügung, darunter auch recht kleine EZ. Die Zimmer im 1. und 2. Stock sind etwas moderner, das reichhaltige Frühstück gibt es im 3. Stock. Eine Besonderheit des Castle View ist, dass hier 1859 der in Schottland bekannte Kinderbuchautor Kenneth Grahame geboren wurde (»Der Wind in den Weiden«). Nur der Blick aufs Castle ist entweder nur sehr eingeschränkt oder gar nicht vorhanden. Dieselbe Familie betreibt an der Queen Street das **Queens Guest House** (Karte 2, F 4), ebenfalls in einem georgianischen Stadthaus untergebracht.

30 Castle St., T 0131 226 57 84, www.castleviewgh.com, Tram, Bus Princes Street, DZ/ÜF ab ca. 100 £; Queens Guest House, 45 Queen St., T 0131 226 20 00, www.queensgh.com, Tram, Bus Princes Street, DZ/ÜF ab ca. 100 £

Stilvoll mit Panoramablick
28 York Place Karte 2, H 3

Das kleine Hotel am Rand der New Town ist eine perfekte Adresse für den Stadturlaub: Das Haus ist seit der Renovierung 2015 sehr gut in Schuss, der Service ist sehr freundlich, und unten gibt es eine kleine, helle Bar. Die acht Zimmer verteilen sich auf die beiden oberen Geschosse. Buchen Sie unbedingt ein Zimmer nach hinten raus (z. B. Linlithgow oder Muirfield). Anders als zur belebten Straße vorne erwarten Sie dort viel Ruhe und ein sagenhafter Blick über die Dächer der nördlichen New Town hinweg bis zum Firth of Forth! Auch die Anfahrt ist sehr leicht, weil Sie mit der Tram vom Flughafen einfach nur bis zur Endhaltestelle York Place fahren müssen. Gelegentlich auch Hochzeiten oder andere Events im Veranstaltungssaal.

A
APPART-MENTS

Edinburgher **Ferienapartments** finden Sie auf www.edinburgh-holiday-accommodation.co.uk, eine Vielfalt an **Unterkünften aller Kategorien** auf www.visitscotland.com/de-de/destinations-maps/edinburgh/accommodation/.

28 York Pl., T 0131 524 01 10, www.28yorkplace.com, Tram, Bus 10, 11, 12, 16, 26, 44 York Place, DZ ab ca. 100 £, Frühstück 8,95 £/Person

Bei Lydie und David
Albyn Townhouse E 8

Am Ende einer kleinen Sackgasse zwischen Bruntsfield und Merchiston im Südwesten von Edinburgh ist das Townhouse eine sehr gute und ruhige Adresse. Zehn Zimmer werden von Lydie und David mit viel Elan gemanagt, darunter drei Familienzimmer. Auch vegetarisches und veganes Frühstück.

16 Hartington Gardens, T 0131 229 64 59, www.albyntownhouse.co.uk, Bus 11, X15, 16, 23, 36, 45: Forbes Road, DZ/ÜF ab ca. 70 £

Typisch britisch am Botanic Garden
Ashlyn Guest House außerhalb F 1

Dieses distinguierte *guest house* in einem georgianischen Stadthaus, Baujahr 1820, bietet geräumige, mit allerlei typisch britischem Schnickschnack eingerichtete En-suite-Zimmer. Im eleganten, mit schwarzem Marmorkamin und schottischen Gemälden aus dem 19. Jh. geschmückten Frühstücksraum wird nach dem Haferbrei *(porridge)* auch geräucherter Fisch serviert. In der Hauptsaison gilt: Mindestaufenthalt zwei Nächte.

42 Inverleith Row, T 0131 552 29 54, www.ashlynguesthouse.com, Bus 23, 27 Inverleith, DZ/ÜF 70–95 £

Freundliche 3-Sterne-Pension
Balmoral Guest House J 1

In unmittelbarer Nachbarschaft des Abbotsford (s. S. 87) ist das Balmoral eine weitere freundliche Adresse mit vier Zimmern auf 3-Sterne-Niveau, die alle über ein eigenes Bad verfügen, jedoch nicht immer direkt im Zimmer. Im 1856 erbauten Haus gibt es kostenloses WLAN, während Marianne und Marc für einen freundlichen Empfang sorgen. Mit dem Bus ist man über den Leith Walk schnell in der Stadt.

32 Pilrig St., T 0131 554 18 57, www.balmoralguesthouse.co.uk, Bus 11 Dryden Street, DZ/ÜF ab ca. 90 £

Mitten in der New Town
Frederick House Hotel

Karte 2, G 1

Mit 44 Zimmern ist das solide Stadthotel eigentlich nicht klein. Aber aufgrund der guten Lage mitten in der New Town ist das Frederick House an Wochenenden doch schnell ausgebucht. Dann können auch die Preise z. T. deutlich nach oben schnellen. Das Frühstück wird im gegenüberliegenden Rabble serviert.

42 Frederick St., T 0131 226 19 99, www.frederickhousehotel.com, Tram/Bus Princes St., DZ/ÜF ab ca. 100 £

An der heiligen Kreuzung
Sandeman House außerhalb E 8

Das fesche 4-Sterne B&B liegt in einem denkmalgeschützten viktorianischen Haus mit schönem Garten, wenige Schritte von der Holy Corner in Morningside. Die ›heilige Ecke‹ bzw. ›heilige Kreuzung‹ erhielt ihren Namen wegen der Kirchen, die sie säumen. Bei Joyce und Neil fühlt man sich sofort wohl. Nette Cafés und Bistros sind schnell erreicht.

33 Colinton Rd., T 0131 447 80 80, www.sandemanhouse.co.uk, Bus 11, X15, 16, 23, 36, 45 Holy Corner, DZ/ÜF ab 90 £

Stilsicherer Alt-Neu-Mix
Southside Guest House J 8

Die sympathischen Besitzer, die aus den Highlands und Italien stammen, haben das viktorianische Reihenhaus im Stadtteil Newington individuell renoviert. Ein Hingucker ist z. B. das Mackintosh-Zimmer mit Himmelbett, Glaserker und Orientteppich. Ferner bietet die Luxuspension ein opulentes Frühstück mit

frischem Obstsalat sowie auf allen Zimmern Internetzugang und DVD-Spieler.
8 Newington Rd., T 0131 668 44 22, www.southsideguesthouse.co.uk, Bus 3, 7, 8, 29, 31, 37, 47, 49 Newington Road, DZ/ÜF ab 85 £

Charmantes Stadthaus

Dene Guest House G 2

In der nördlichen New Town – auf dem Weg zum Botanischen Garten – bietet das sehr freundliche Dene eine breite Palette an DZ und EZ, von denen nicht alle über ein eigenes Bad/WC verfügen. Die deutsche Gastgeberin hält das georgianische Stadthaus sehr gut in Schuss. Auf der Website lässt sich die Verfügbarkeit der einzelnen Zimmer sofort checken, in der Saison gibt es eine Mindestbelegung von zwei Nächten. Ansonsten lohnt sich ein Anruf.
7 Eyre Pl., T 0131 556 27 00, www.deneguesthouse.com, Bus 23, 27 Eyre Place/Fettes Row, 36 Eyre Terrace/Perth Street, DZ/ÜF ca. 85–100 £

Freundliche Familienpension

Hotel Ceilidh-Donia L 8

Die 17 Zimmer in dem viktorianischen Stadthaus südlich der Altstadt in Prestonfield sind mit Kiefernholzmöbeln freundlich und hell eingerichtet. Das ruhige und sehr nette ›Metro-Hotel‹ (3 Sterne) verfügt über einen Anbau zum Garten hinaus, in dem das Frühstück gereicht wird. Abends steht eine Bar für die Gäste zur Verfügung. Der Preis für die ruhige Wohnlage (mit kostenlosen Parkplätzen) ist die etwas längere Anfahrt mit den Stadtbussen ins Zentrum.
14–16 Marchhall Crescent, T 0131 667 27 43, www.hotelceilidh-donia.co.uk, Bus 2, 14, 30, 33 Marchhall Place, DZ ab ca. 90 £

Trendsetter in Leith

Malmaison Karte 4

Übernachten im Hafenviertel – das viktorianische Seemannsheim von 1883 wurde stilsicher zu einem schicken Boutiquehotel umgebaut, das im Lauf der Zeit immer wieder trendgemäß neu designt wurde. Viele der Zimmer sind mit Himmelbetten ausgestattet, ein Fitnessstudio *(gym)* hat rund um die Uhr geöffnet. Die fesche Brasserie des Malmaison am unteren Ende der Restaurantmeile Shore ist ein fester Bestandteil der Gastroszene von Leith.
1 Tower Pl., T 0131 285 14 78, www.malmaisonedinburgh.com, Bus 16, 22, 35, 36 Sandport Street, DZ/ÜF ab ca. 100 £

Schottisch und stilsicher, elegant und edel – das Malmaison in Leith

Design in historischem Ambiente

The Salisbury Boutique Hotel K 8

Das denkmalgeschützte georgianische Stadthaus wurde in anspruchsvoll modernem Design mit Boutiquezimmern umgestaltet. Die hohen Zimmer im Erdgeschoss verfügen noch über die Kamine aus der Erbauungszeit. Durch die Nähe zur Hauptausfallstraße nach Südosten sind die Busverbindungen in die Stadt sehr gut. Andererseits ist es in der Nebenstraße sehr ruhig und das Hotel überzeugt zudem durch guten Service. Wechselhaft ist leider das gastronomische Zusatzangebot, nachdem eine Weinbar und ein Café in den letzten Jahren keinen Erfolg hatten.
43–45 Salisbury Rd., T 0131 667 12 64, www.thesalisburyhotel.co.uk, Bus 3, 7, 8, 29, 31, 37, 47, 49 Salisbury Road, DZ ab ca. 120 £, Frühstück 12 £/Person

Mehr als Fish 'n' Chips

Edinburghs Weltoffenheit spiegelt sich in der kulinarischen Vielfalt, die Gäste gastronomisch vom schottischen Hochland bis auf den indischen Subkontinent führt. Im Zentrum aber steht immer öfter moderne schottische Küche mit regionalen Zutaten, ob in lockeren Bistros oder luxuriösen Sternerestaurants.

Vorbei die Tage, in denen lauter schottische Dauerbrenner wie Fish 'n' Chips, fleischhaltige Pasteten und schon zum Frühstück fettige Würstchen auf den Tisch kamen. Heute wird vielerorts das heimische Lamm, Angusrind und Wild exzellent und kreativ zubereitet. Dazu kommen fangfrische Fische und Meeresfrüchte sowie leckerer Käse aus Farmhaus-Käsereien, der mit *oatcakes*, trockenen kleinen Hafermehlbiskuits, serviert wird. Die kulinarischen Ressourcen des Landes sind erstaunlich groß. Seit vielen Jahren gilt die indische Küche als hervorragende Ergänzung, die zudem für ihre vegetarische Vielfalt bekannt ist. Auch die vegane Küche ist in Edinburgh inzwischen fest verankert.

Die Qualitätsrevolution hat auch die Getränke erreicht: Neben den ohnehin hochwertigen – und hochprozentigen – Single Malts haben immer mehr Craft-Biere aus Mikrobrauereien den Weg in die Restaurants und Pubs gefunden.

Hauptgerichte kosten meist 10–20 £, Steaks und Meeresfrüchte auch mehr. Mittags und ca. 17–18.30 Uhr *(early bird, pre-theatre)* gibt es günstigere 2- oder 3-Gänge-Menüs. 10 % *tip* sind üblich, es sei denn, es heißt explizit *service included*.

ZUM SELBST ENTDECKEN

Während in der touristischen **Old Town** die Anzahl der empfehlenswerten Bistros und Restaurants überschaubar ist, gibt es in und am Rand der **New Town** eine große Fülle an sehr guten Adressen. Auch der ehemalige **Hafen von Leith** hat sich zu einem gastronomischen Hotspot entwickelt.

Bei Artisan Roast wird der Kaffee selbst geröstet

SO BEGINNT EIN GUTER TAG IN EDINBURGH

Kunstcafé mit Homebaking
Bon Papillon Karte 2, F 3
Die Künstlerin Ingrid Nilsson und ihr Partner Stuart Allan haben 2011 in der nördlichen New Town ein reizendes kleines Kunstcafé eröffnet. An allen Wänden, inklusive der Toilette, hängen Kunstwerke. Von Nilsson stammen vor allem die Frauenköpfe, aber es werden auch Werke anderer Künstler/-innen ausgestellt. Im hinteren Teil befindet sich gleich das Atelier, sodass Besucher mitten im Geschehen sind. Für den kleinen Hunger gibt es von Stuart sehr leckere Gourmet-Scones (z. B. mit Blaubeeren), aber auch Suppe. Der Kaffee ist zudem Fairtrade – ein absolut rundes Konzept der beiden freundlichen Gastgeber!
15 Howe St., T 0131 538 25 05, www.bonpapillon.com, Bus 24, 29, 42 Howe Street/Northumberland Street, Mi–So 9–17 Uhr

Kaffeebohnen frisch geröstet
Artisan Roast H 3
Der Qualitätsröster bezieht seine Kaffeebohnen möglichst direkt von den Erzeugern und versucht dabei durch höhere Preise und ethische Kriterien die lokalen Kaffeebauern vor Ort zu unterstützen. Aufgrund des vor allem bei einem jungen Publikum erfolgreichen Prinzips verfügt Artisan Roast inzwischen über drei Filialen in Edinburgh, neben dem kleinen Stammcafé an der Szenestraße Broughton Road auch in den Szenevierteln Stockbridge und Bruntsfield – ein Fortschritt für die Kaffeekultur in der Hauptstadt.
57 Broughton St., www.artisanroast.co.uk, Tram York Place, Bus 8 Broughton Street, Mo–Fr 8–18.30, Sa/So 9–18.30 Uhr; 102 Raeburn Place (Karte E3), Bus 24, 29, 42 Raeburn Place, Mo–Fr 8.30–18, Sa/So 9.30–17 Uhr; 138 Bruntsfield Place (Karte F8), Bus 11, X15, 16, 23, 36, 45 Forbes Road, Mo–Fr 8–18, Sa/So 9–17 Uhr

Echte Teekultur
Eteaket Karte 2, G 4
Freunde von hochwertigen und außergewöhnlichen Teesorten werden sich in diesem Tee-Café in der New Town sofort wohlfühlen. Zur Auswahl stehen rund 35 unterschiedliche Tees, von schwarzen über weißen bis zu Früchtetees. Ungewöhnlich und sehr schottisch sind z. B. der Isle of Harris Gin Tea oder der Whisky Tea. Dazu gibt es Frühstück, Kuchen und Croissants sowie auch direkten Teeverkauf – alles sehr locker und freundlich. In der 111 Rose Street (s. S. 100) befindet sich ein zusätzlicher ›Concept Store‹ für Teeliebhaber.
41 Frederick St., T 0131 226 29 82, www.eteaket.co.uk, Tram/Bus Princes Street, tgl. 9–18 Uhr

Delikatessen bei Valvona & Crolla

Szene-Café in Stockbridge
The Pantry F 3
Im bunten Szeneviertel Stockbridge lässt sich in diesem Café gut die Zeit verbringen. Das helle Pantry liegt am Rand des runden, parkähnlichen Circus Place und verfügt auch über einige Tische draußen an der Straße. Schon morgens gibt es einige Frühstücks-Specials, später auch Lunch-Snacks sowie ganztags leckeren Kaffee und Kuchen. Nebenan ist die **Patisserie Florentin** eine weitere gute Adresse für einen süßen Snack.
1–2 North West Circus Pl., T 0131 629 02 06, www.thepantryedinburgh.co.uk, Bus 24, 29, 42 North West Circus Place/Kerr Street, tgl. 9–17 Uhr; Patisserie Florentin, 5 North West Circus Pl., www.patisserieflorentin.com, tgl. 8–20 Uhr

Panorama-Café und Feinkost
Valvona & Crolla Karte 2, H 4
Der Name Valvona & Crolla ist in Edinburgh gleichbedeutend mit exzellentem Kaffeegenuss und hochwertiger Feinkost. Wer zum Kaffee mit Kuchen

SCHOTTISCHE KÜCHENKLASSIKER

Die traditionelle schottische Küche verarbeitet vor allem die heimischen Fleisch- und Fischsorten sowie Gerste und Hafer. Manche Klassiker sind recht fett- und cholesterinhaltig. Das fängt schon beim Frühstück an.

Full Scottish Breakfast
Nach einer guten Schale *porridge* (warmer Haferbrei) gibt es *sausages* (Würstchen), *bacon* (Schinkenspeck), *scrambled/boiled eggs* (Rührei/gekochtes Ei), *fried tomatoes/mushrooms* (frittierte Tomaten/Pilze) sowie *hash browns* (warme Kartoffelrösti) und *potato scones* (kalte Kartoffelfladen). Dazu wird weißer oder brauner Toast gereicht. Vielerorts wird inzwischen allerdings auf Müsli, Obst und Joghurt sowie Toast und Marmelade/Honig umgestellt.

Klassische Tellergerichte
Dazu zählen natürlich *Fish 'n' Chips*, wobei hier zumeist *haddock* (Schellfisch) gewählt wird. Urschottisch ist auch *Haggis, Neeps and Tatties:* Schafsinnereien mit zerstampften Steckrüben und Kartoffeln. *Haggis* gibt es inzwischen übrigens auch in einer sehr leckeren vegetarischen Variante. Sehr fleischhaltig ist *Steak and Kidney Pie:* Rindfleisch- und Nierenpastete. Wesentlich leichter ist da schon *Lamb with Mint Sauce:* Lamm mit Minzsoße. Unter den Fischen war Hering früher allgemein verbreitet (weil billig). Heute ist Hering in Hafermehl gewendet *(Herring in Oatmeal)* eine seltene Delikatesse.

Süßes
Zum Nachtisch ist *Cranachan* ein traditionelles Dessert aus Himbeeren mit Schlagsahne, Whisky und geröstetem Hafermehl. Aus Hafermehl werden auch die *oatcakes* hergestellt. *Shortbread* ist ein butterhaltiges Gebäck, während *Scones* ein muffinähnliches Teegebäck sind, das mit Butter und Marmelade gegessen wird.

Herzhaft schottisch essen im Pub
In Schottland ist es wie in ganz Großbritannien üblich, dass Pubs auch Speisen anbieten. Zumeist ist die Speisekarte ähnlich rustikal wie der Pub, sodass sich hier eher traditionelle herzhafte Hausmannskost findet. Wer also authentische schottische Gerichte ohne viel Firlefanz oder moderne Fusion-Extras probieren möchte, sollte einfach zulangen. Klassische Gastro-Pubs sind z. B. **The Sheep Heid Inn** in Duddingston (N 7, ► S. 46) oder der **Hawes Pier Inn** (Karte 3, B 2, ► S. 77) in South Queensferry. An der Royal Mile ist die **Whiski Bar** (Karte 2, H 5, ► S. 108) sehr populär (Weitere Adressen bei »Wenn die Nacht beginnt«).

Gastroführung – Eat Walk Edinburgh
Wer kulinarische Kostproben schottischer Delikatessen mit einer Stadtführung verbinden möchte, ist bei Alan Chalmers genau richtig. Auf zwei Touren (Canongate, Old/New Town) werden in gut drei Stunden je sieben, acht Lokale/Shops angesteuert, um die gastronomische Vielfalt Schottlands zu demonstrieren. Am Canongate gibt es z. B. leckeren *fudge*, herzhafte *oatcakes,* Chutney und Käse sowie geräucherten Fisch und Craft-Biere (auch nichtalkoholische Getränke und auf Wunsch vegetarische/vegane Optionen), plus einen Whisky zum Mitnehmen. Dazu erfahren Sie manches zur Geschichte der Stadt. In der New Town werden mehr Lokale aufgesucht. Das Ganze findet in kleinen Gruppen statt, ab vier Personen sind auch Führungen auf Deutsch möglich.
Infos/Anmeldung: T 07740 86 93 59, www.eatwalkedinburgh.co.uk, Canongate-Tour 59 £, Old/New Town 65 £

einen perfekten Panoramablick wünscht, sollte unbedingt in den 2. Stock des Traditionskaufhauses Jenners gehen – und dort an der langen Fenstertheke Platz nehmen. Von dort ist der Blick über die Princes Street auf die Altstadt atemberaubend. Zum Café gehört auch ein schottischer Gourmet-und Souvenirshop. In der **Hauptfiliale** mit der **Caffè Bar** in der Elm Row (J 3, Leith Walk) steht hingegen gut sortierte italienische Feinkost im Vordergrund. Eine weitere Filiale, das **VinCaffè** (Karte 2, H 4), befindet sich am Multrees Walk neben dem Harvey Nichols.

47–52 Princes St. (Jenners), T 0131 260 22 42, www.valvonacrolla.co.uk, Tram, Bus Princes St., 47–52 Princes St. (Jenners), T 0131 260 22 42, www.valvonacrolla.co.uk, Tram, Bus Princes Street, Mo, Fr/Sa 9.30–19, Di/Mi 9.30–18.30, Do 9.30–20, So 10–19 Uhr; **Caffè Bar,** 19 Elm Row (Leith Walk), T0131 556 60 66, Bus 7, 10, 11, 12, 14, 16, 22, 25, 49 Elm Row, Mo–Do 8.30–17.30, Fr/Sa 8–18, So 10.30–16.30 Uhr; **VinCaffè,** 11 Multrees Walk, Tram St. Andrew Square, Tram, Bus Princes Street, Mo–Mi 7.30–19, Do–Sa bis 21, So 10–19 Uhr

WO ESSEN AUF NACHHALTIGKEIT TRIFFT

Gehoben vegetarisch

David Bann Karte 2, J 5

Wer sagt, dass vegetarische und vegane Restaurants birkenstockmäßig daherkommen müssen? Dieses In-Restaurant mit purpurnen Wänden, schwarzer Theke und bunten Lichteffekten beweist das Gegenteil. Fleischloses Essen hat längst die alternativ studentische Ecke verlassen und ist im gehobenen Mainstream angekommen. Auf der Karte finden sich kreative Gerichte, die für Edinburgh preislich okay sind. In einer Seitengasse der Royal Mile liegt das Restaurant zudem sehr zentral und doch nicht mitten im Gedränge.

56–58 St. Mary's St., T 0131 556 58 88, www.davidbann.com, Bus 6 St. Mary's Street, Mo–Do 12–22, Fr 12–22.30, Sa 11–22.30, So 11–22 Uhr, Hauptgerichte 12,50–14 £

Auch in Edinburgh hat die indische Küche einen festen Platz auf den Speisekarten.

Kurdisch-persische Spezialitäten

Hanam's Karte 2, G 5

In der kurdischen und persischen Küche gibt es immer auch eine Reihe von leckeren vegetarischen Optionen – von Falafel über Weinblätter und Hummus bis zum abschließenden kurdischen Tee. Die Lage zwischen Royal Mile und Grassmarket ist sehr gut, zumal oberhalb der Victoria Terrace bei schönem Wetter eine kleine Terrasse öffnet. Allerdings ist der Service dort manchmal etwas langsam. Alkohol muss man selbst mitbringen.

3 Johnston Terrace, T 0131 225 13 29, www.hanams.com, Bus 23, 27, 41, 42, 67 Royal Mile/National Library of Scotland, tgl. 12–23 Uhr, Hauptgerichte 11–20 £

Vegetarische Veteranen

Henderson's Karte 2, G 4

Ein verlässlicher Veteran der vegetarischen Küche, in dem seit einigen Jahren auch vegan gekocht wird. Im Stammhaus an der Hanover Street gibt es unten den **Salad Table** mit einer großen Theke für Salate, Kuchen und warme Gerichte, abends wird auch à la carte serviert. Oben lässt sich im Feinkostladen an den kleinen Tischen ein Kaffee trinken, während um die Ecke in der Thistle Street das Bistro **Henderson's Vegan** (Karte 2, G 4) ganz vegan eingestellt ist – allerdings könnte die Auswahl dort etwas größer sein. An der Holyrood Road befindet sich eine moderne Filiale von **Henderson's** (Karte 2, K 5).

Salad Table, 94 Hanover St., T 0131 225 21 31, www.hendersonsofedinburgh.co.uk, Bus 23, 27, Thistle Street, Mo–Sa 8.30–21.45, So 10–20.45 Uhr, Hauptgerichte ab 7,50 £; Vegan, 25 Thistle St., T 0131 225 26 05, Bus s. Salad Table, So–Do 12–21, Fr/Sa 12–22 Uhr, Hauptgerichte ab 10,50 £; Holyrood, 67 Holyrood Rd., T 0131 557 16 06, Bus 6 Holyrood Road, Mo–Sa 8–17.30, So 9–17 Uhr

Ü ÜBRIGENS

Ausgezeichnet und preiswert isst man bis ca. 17/18 Uhr in den **Cafés der wichtigsten Museen** und Besucherattraktionen. Serviert werden neben Kaffee, Tee und Kuchen auch Suppen, kleine Salate, Sandwiches sowie gelegentlich Pasta und ein, zwei Hauptgerichte. Alles wird hier frisch zubereitet und selbst gekocht, dazu stimmt das Museumsambiente – und da der Eintritt zu den meisten Museen kostenlos ist, sind auch die Cafés frei zugänglich. Besonders schöne Cafés befinden sich im National Museum of Scotland, in der Scottish National Gallery of Modern Art, in der Scottish National Portrait Gallery, im Royal Botanic Garden sowie auf der Royal Yacht Britannia.

Ofenkartoffeln gut gefüllt

The Baked Potato Shop Karte 2, H 5

Der Oldie an der Royal Mile versorgt schon seit fast 30 Jahren in einem winzigen Laden das meist junge Publikum mit Ofenkartoffeln, die mit leckeren vegetarischen bzw. veganen Füllungen über die Theke gereicht werden. Das schmeckt und macht satt – allerdings nur zum Mitnehmen, da keine Sitzplätze.

56 Cockburn St., T 0131 225 75 72, Bus 3, 5, 8, 29, 45 North Bridge, tgl. 11–20 Uhr, Ofenkartoffeln ab 5 £

INSTITUTIONEN UND SZENETREFFS

Bistro mit Regierungsblick

Café Tartine Karte 4

In den ehemaligen Lagerhäusern am Hafen von Leith entlang der Commercial Street sind heute fesche Bistros und Restaurants sowie zahlreiche NGOs und andere Organisationen eingezogen, die gerne direkt gegenüber vom Sitz der schottischen Regierung arbeiten wollen. Das Café Tartine ist eine entspannte Adresse mit einer großen hellen Glasfront und einem dunkleren Saal. Am Fenster wird leckere französische Bistroküche serviert, aber auch Kaffee auf den bequemen Sofa-Ecken. Typisch für die ›neue‹ Gastroszene in Edinburgh.

72 Commercial St., T 0131 554 25 88, www.cafetartine.co.uk, Bus 16, 22, 36, 300 Sandport Street, tgl. 8–1 Uhr, Hauptgerichte mittags 9–15 £, abends 11–24 £

Rustikaler Bistro-Pub

King's Wark Karte 4

Am Shore in Leith bietet der sehr sympathische Gastro-Pub weit mehr als nur Fish 'n' Chips. Sehr lecker sind die Shetlandmuscheln und das Hochlandwild – immer gut besucht, deshalb abends besser reservieren. Der Name bezieht sich übrigens auf eine königliche Residenz, die sich hier im 15. Jh. befunden hat. Später befand sich hier ein Waffenlager. Sa/So gibt es übrigens bis 16 Uhr eine Brunch-Karte mit kleineren Portionen (7–15 £).

36 Shore, T 0131 554 92 60, www.kingswark.co.uk, Bus 16, 22, 36, 300 Sandport Street, Mo–Fr 11–24, Sa/So 10–24 Uhr, Hauptgerichte 14–24 £

Traditionsreicher Inder

Khushi's J 3

Auch wenn das Restaurant seit 1947 besteht, ist das heutige Ambiente am Leith Walk vollkommen modern. Die große Auswahl an leckeren Spezialitäten vom indischen Subkontinent stellt sowohl Freunde von Lamm und Hühnchen, von Tandoori-Gerichten, aber auch Vegetarier voll zufrieden. Alkohol (Bier/Wein) muss man bei Bedarf selbst mitbringen. Mittags und spätnachmittags günstigere Menüs, abends besser reservieren.

10–12 Antigua St. (Leith Walk), T 0131 558 19 47, www.khushis.com, Bus 7, 10, 11, 12, 14, 16, 22, 25, 49 Elm Row, tgl. 12–ca. 23 Uhr, Hauptgerichte 9–17 £

Pasta, Seafood und mehr!

Mamma Roma J 3

Das Mamma Roma ist eine verlässliche Adresse für solide italienische Hausmannskost, aber auch anspruchsvollere Fleisch- und Fischgerichte. Die Auswahl und die Portionen sind groß, der Service

The Old Chain Pier

ist zudem sehr freundlich. Der 3-Gänge-Lunch ist ein günstiger Deal (9,95 £).

4–7 Antigua St. (Leith Walk), T 0131 558 16 28, www.mamma-roma.net, Bus 7, 10, 11, 12, 14, 16, 22, 25, 49 Elm Row, So–Do 12–16.30, 17–23, Fr/Sa 12–24 Uhr, Pizza/Pasta 8–13 £, Hauptgerichte ab 13 £

Sterneköche ganz entspannt

Scran & Scallie E 3

Die Sterneköche Tom Kitchin und Dominic Jack haben sich zusammengetan, um in Stockbridge ein entspanntes »public house with dining« zu eröffnen. Dafür wurden am Rande des Szeneviertels zwei Häuser zusammengelegt und eine schottisch angehauchte Bistrokarte entworfen. Neben Pubklassikern wie Steak Pie auch Austern und vegetarische Gerichte. Die Preise sind vielleicht etwas höher als andernorts, doch das Konzept ist stimmig. Sa/So auch Frühstück.

1 Comely Bank Rd./Mary's Pl., T 0131 332 62 81, www.scranandscallie.com, Bus 24, 29, 42 Raeburn Place, Mo–Fr 12–15, 18–22, Sa/So 8.30–11, 12–22 Uhr, Hauptgerichte 12–19 £

Eine kulinarische ›Reise‹

Taisteal E 3

Im Szeneviertel Stockbridge ist das gemütliche Taisteal ein Lichtblick für die Gastroszene. Die gut durchdachte

Die Olive im Namen deutet es an: Im Olive Branch verbinden sich schottische und mediterrane Elemente.

Speisekarte bietet hochwertige moderne Küche mit internationalem Einschlag. Mittags gibt es ein günstigeres Menü, abends ist das exquisite 5-Gänge-Tasting-Menü eine spannende Variante. Trotz des Anspruchs und der netten Atmosphäre sind die Preise durchaus akzeptabel. Übersetzt bedeutet der Restaurant-Name übrigens ›Reise‹.

1–3 Raeburn Place, T 0131 332 99 77, www.taisteal.co.uk, Bus 24, 29, 42 Raeburn Place, Di–Sa 12–14.30, 18–21.30 Uhr, Hauptgerichte 14–19 £

Freundlicher Olivenzweig

The Olive Branch H 3

Hinter großen Fenstern an einer Ecke der Broughton Street wird solide Fusion-Küche mit schottischen und mediterranen Elementen serviert. Der Service ist freundlich und mit Theater-/Kinoticket erhält man abends 10 % Ermäßigung.

91 Broughton St., T 0131 557 85 89, www.theolivebranchscotland.co.uk, Bus 8 Broughton Place/Street, Mo–Fr 12–22, Sa/So 10–22 Uhr, Hauptgerichte11,50–24 £

Fischers Fritz fing frische Fische

The Ship on the Shore Karte 4

Gemütliche, gewollt pubähnliche Einrichtung mit dunklen Holzfußböden und Bistrotischen. Kulinarisch dreht sich im populären ›Schiff‹ alles um Fisch und Meeresfrüchte. Besonders die Seafood- und die Smokehouse-Platte sind ein Gedicht. Neben Austern und Muscheln gibt es auch Arbroath Smokie (Räucherfisch aus dem Nordosten) sowie Hummer – abends unbedingt reservieren.

24–26 Shore, Leith, T 0131 555 04 09, www.theshipontheshore.co.uk, Bus 16, 22, 35, 36 Sandport Street, Küche tgl. 9–11.30, 12–22 Uhr, Hauptgerichte mittags 12,50–27 £, abends 24–40 £

Schottische Eleganz

Wedgwood Karte 2, J 5

Unter den Restaurants an der Royal Mile ist das Wedgwood für seine exquisite kleine schottische Karte und intime Atmosphäre bekannt. Das Angebot wechselt je nach Saison und natürlich gibt es auch vegetarische Optionen. Bei Lisa und Paul Wegdwood lässt sich mit Stil dinieren, mittags etwas günstiger.

267 Canongate, T 0131 558 87 37, www.wedgwoodtherestaurant.co.uk, Bus 300 New Street/Canongate Kirk, Küche tgl. 12–14.30, 18–22 Uhr, Hauptgerichte 16,50–30 £, 2/3-Gänge-Lunch 14,75/18,75 £

EXPERIMENTIERFREUDIG UND UNGEWÖHNLICH

Thai-Küche zeitgenössisch

Dusit Karte 2, G 4

Kein Thai-Kitsch, sondern die Werke von Kunststudenten aus Bangkok und dezente Buddhas zieren dieses beliebte Restaurant in einer Seitengasse der New Town. Zu den Düften und Aromen des Fernen Ostens werden mitunter schottische Ingredienzen für die Wok- und Currygerichte verarbeitet.

49a Thistle St., T 0131 220 68 46, www.dusit.co.uk, Bus 23, 27, 61 Hanover Street, Mo–Sa 12–15, 18–23, So 12–23 Uhr, Hauptgerichte 12–22 £

Wohlerzogener Floh

educatedflea H 3

In der hippen Broughton Street tut sich gastronomisch viel – ein Lichtblick unter den trendigen Lokalen und Cafés ist dieses helle und einladende Bistro mit ungewöhnlichem Namen. Die kreative moderne Küche bringt schottische Spezialitäten wie Lamm und Fisch mit mediterranen Zutaten zusammen – ein gelungenes und beliebtes Konzept. Mittags und am späten Nachmittag gibt es günstigere Deals; abends reservieren.

32b Broughton St., T 0131 556 80 92, www.educatedflea.co.uk, Tram York Place, Bus 8 Broughton Street, Mo–Fr 12–14.30, 17–22, Sa/So 10–16, 17–22 Uhr, Hauptgerichte mittags ca. 8,50 £, abends 12–20 £

Ehemaliger Debattierclub

Howies Karte 2, J 4

Am Aufgang zum Calton Hill belegt das Howies die ehemaligen Räumlichkeiten eines eleganten georgianischen Debattierclubs. Auf dem stetig wechselnden Menüplan von David Howie Scott, der sein erstes Howies 1990 eröffnete, findet sich, auch wenn er nicht mehr selbst am Herd steht, anspruchsvolle Bistroküche mit schottischer Note und Fusion-Akzenten; mittags und am späten Nachmittag recht günstige Menüs.

29 Waterloo Pl., T 0131 556 57 66, www.howies.uk.com, Bus North Bridge, Waverley Station/Waverley Steps, tgl. 12–14.30, 17.30–ca. 23 Uhr, Hauptgerichte 13–28 £

Französisches Weinbistro

La p'tite folie/Le Di-Vin E 4–5

Virginie und Ghislain Brouard haben sich für ihr schickes Weinbistro zielsicher eine ungewöhnliche, stimmungsvolle Location ausgesucht: In einem auf Tudorzeit getrimmten Fachwerkhaus hinter dem Charlotte Square war früher eine polnische Kapelle untergebracht. Heute wird im Bistro auf zwei Ebenen leckere französische Küche serviert und im hohen Kirchensaal stehen ausgesuchte Weine im Vordergrund. Das Konzept ist stimmig.

9 Randolph Pl., T 0131 225 86 78 (Bistro), T 0131 538 18 15 (Weinbar), www.laptitefolie.co.uk, www.ledivin.co.uk, Mo–Sa 12–15, 18–23 Uhr, Hauptgerichte 16–22 £

Indische Tapas

Mother India's Café Karte 2, J 5

In indischen Restaurants sind normalerweise recht große Portionen angesagt, bei Mother India's wird auf kleinere Tapas-Portionen gesetzt, sodass Sie mehrere Spezialitäten vom Subkontinent probieren können (auch vegetarisch und vegan). Da indische Küche in Schottland ohnehin sehr populär ist, war auch diese Idee in dem Pub-ähnlichen Lokal sofort ein Erfolg – abends besser reservieren.

3–5 Infirmary St., T 0131 524 98 01, www.motherindiascafe.co.uk, Bus 3, 5, 8, 14, 29, 30, 33, 35, 45, 49 South Bridge, Mo–Mi 12–14, 17–22.30, Do–Sa 12–23, So 12–22 Uhr, Tapas 4,50–7 £

ZUM SELBST ENTDECKEN

In der **Old Town** finden sich im unteren Teil der Royal Mile, rund um den Grassmarket und im angrenzenden Viertel Southside mehrere gute Fachgeschäfte für schottische Qualitätsprodukte sowie diverse Buchläden.

In der **New Town** sind die großen und kleineren Kaufhäuser angesiedelt, dazu fesche Boutiquen und Kosmetikgeschäfte sowie gut sortierte Buch- und Musikgeschäfte. Die Princes Street ist sowohl zum Windowshopping wie auch als Panoramameile bestens geeignet.

In den beliebten Stadtvierteln **Stockbridge, Tollcross, Bruntsfield** und **Leith** finden sich vor allem an den Hauptdurchgangsstraßen kleine Fachgeschäfte, die nicht touristisch sind und immer wieder Entdeckungen ermöglichen.

Kilt ist Kult

Edinburgh ist ein buntes, meist nicht ganz billiges Shoppingpflaster. Während vor allem im oberen Teil der Royal Mile kitschige Souvenirläden dominieren, finden Sie an ihrem unteren Ende und in der New Town auch zahlreiche hervorragende regionale Qualitätsprodukte. Vielleicht möchten Sie sich ja einen Kilt schneidern lassen, um endlich zu erfahren, was sich darunter verbirgt?

Neben dem Kilt stehen drei Dinge fast synonym für Schottland: Wolle, Whisky und der Dudelsack. Dank Schottlands traditionsreicher und erstklassiger wollverarbeitender Industrie sind Pullover, farbenfrohe Schals oder Decken sehr gute Mitbringsel. Eine Besonderheit ist der hochwertige Harris Tweed von den Äußeren Hebriden. Natürlich können Sie auch Schottlands Exportschlager Nr. 1 – Whisky – in zahlreichen Fachgeschäften erwerben und sich dabei in Ruhe beraten lassen. Viel Übung – und vielleicht auch Ohrenstöpsel – erfordert hingegen das Spielen eines originalen Dudelsacks.

Kulinarisch sind *shortbread, fudge, oatcakes,* aber auch Farmhaus-Käse, geräucherter Fisch sowie leckere Chutneys, Orangenmarmelade und Honig interessante Optionen zum Mitnehmen.

Sehr angenehm ist, dass große Einkaufszentren am Stadtrand (z. B. Ocean Terminal in Leith) das Einkaufen in der Innenstadt noch nicht verdrängt haben – auch viele Bewohner aus dem weiteren Umland shoppen gern in Edinburgh.

Die meisten Läden öffnen Mo–Sa ca. 9/10–18 Uhr, Do auch länger und oft So ca. 12–17 Uhr.

Tartanstoffe werden auch in Edinburgh hergestellt.

BÜCHER UND MUSIK

Im Univiertel

Blackwell's Karte 2, H 5

Großer, gut sortierter Buchladen im Univiertel mit aktueller Auswahl an englischsprachiger Literatur. Nebenan befindet sich das nette Antiquariat **South Side Bookshop.**

53–62 South Bridge, www.blackwell.co.uk/edinburgh, Bus 3, 5, 8, 14, 29, 30, 33, 35, 45, 49 South Bridge, Mo–Fr 9–20, Sa 9–18, So 12–18 Uhr; Southside Bookshop, 58 South Bridge, T 0131 558 90 09, unregelmäßig geöffnet

Antiquariat zum Stöbern

Edinburgh Books F 6

Wer genügend Zeit und Lust zum Stöbern und Schmökern mitbringt, kann in dem labyrinthischen, alteingesessenen Antiquariat zwischen dem Grassmarket und Tollcross so manches Schnäppchen machen. Unten managt inzwischen **Albamusick** den Musikbereich des Ladens – ein renommierter Secondhand-Musikhandel mit viel Klassik.

145–147 West Port, www.edinburghbooks.net, www.albamusick.co.uk, Bus 2, 35 West Port, Mo–Sa 10–18 Uhr

Bücher, Café und Lesungen

Waterstones

Die große Buchladen-Kette Waterstone's ist in der New Town in der Princes Street (Karte 2 F 5) vertreten. Hier findet sich alles von moderner schottischer und britischer Literatur über Geschichte und Reise bis zu Kinderliteratur. Bei Waterstones gibt es zudem ein nettes Café und es finden regelmäßig Lesungen auch mit bekannten schottischen Autoren statt – hier macht das Stöbern Spaß. Eine Filiale befindet sich im Ocean Terminal (Karte 4, ► S. 72) in Leith.

128 Princes St., www.waterstones.com, Tram, Bus Princes Street, Mo–Fr 9–20, Sa 9–19, So 10.30–18 Uhr

DELIKATESSEN UND LEBENSMITTEL

Whisky bis unter die Decke

Cadenhead's Karte 2, J 5

Cadenhead's eigene Abfüllungen

Das Traditions-Fachgeschäft gehört einem unabhängigen Whiskyabfüller, der seit 175 Jahren im hochprozentigen Geschäft und zugleich mit der Springbank-Brennerei in Campbeltown auf der Halbinsel Kintyre verbunden ist. Im dicht bepackten Laden an der unteren Royal Mile stapeln sich die Markenwhiskys sowie die eigenen Abfüllungen – einer der besten Anbieter für Schottlands Nationalgetränk.

172 Canongate, www.wmcadenhead.com, Bus 300 New Street/Canongate Kirk, Mo–Sa 10.30–17.30 Uhr

100 % schottisch

Cranachan & Crowdie

Karte 2, J 5

Sie suchen ein (kulinarisches) Qualitätsmitbringsel aus Schottland? Dann ist das sympathische Cranachan & Crowdie an der unteren Royal Mile genau das Richtige. Rund 300 Lieferanten versorgen den Laden mit Käse, Chutney, Marmelade, *oatcakes, shortbread* sowie *haggis* (auch vegetarisch) und feiner Wildsalami. Dazu gibt es eine Auswahl an Bieren und Gin sowie eine kleine Ecke mit Töpferwaren und Harris Tweed. Beth und Fiona leiten den Laden mit viel Enthusiasmus und kennen viele der Lieferanten persönlich. Auf einer Karte können Kunden sehen, aus welchem Teil Schottlands das jeweilige Produkt kommt.

263 Canongate, www.cranachanandcrowdie.com, Bus 300 New Street/Cannongate Kirk, tgl. 11–18 Uhr

Wurst ohne Ende

Crombies of Edinburgh H 3

In Schottland gehört eine kleine *sausage* oft schon zum Frühstück dazu. Doch diese

BAUERN- UND GASTROMÄRKTE

Große Wochenmärkte und Markthallen gibt es in Edinburgh zwar nicht, dafür haben sich inzwischen eine Reihe von kleinen, attraktiven Bauern- und Gastromärkten etabliert.

Edinburgh Farmers' Market
Karte 2, F 5
Auf dem größten und bekanntesten Markt der Stadt verkaufen bis zu 50 Produzenten im Schatten von Edinburgh Castle frisches Gemüse, Obst, Fleisch und Fisch. Wenn das Wetter nicht mitspielt, sind es allerdings deutlich weniger Stände, die hier aufgebaut werden.
Castle Terrace, www.edinburghfarmersmarket.com, Bus Lothian Road, Usher Hall, Sa 9–14 Uhr

Grassmarket, Leith, Stockbridge
Nur wenige Meter vom Markt auf der Castle Terrace findet auf dem **Grassmarket** (Karte 2, G 5–6) ein kleinerer Markt statt. Wer an diesem Tag in Leith ist, kann den dortigen **Leith Market** (Karte 4) besuchen. Auf beiden Märkten wird auch etwas zu essen angeboten. Sonntags findet der **Stockbridge Market** (F 3; Abb. oben) statt, der größer und besser sortiert ist als die beiden Samstagsmärkte.
Grassmarket Market, Grassmarket, Bus 2 Grassmarket, Sa 10–17 Uhr; Leith Market, Dock Pl., Bus 16, 22, 35, 36 Sandport Street, Sa 10–17 Uhr; Stockbridge Market, Saunders St., Bus 24, 29, 42 North West Circus Place/Kerr Street, So 10–17 Uhr; Website für alle drei Märkte: www.stockbridgemarket.com

Würstchen sind nichts gegen die Auswahl bei Crombies – wenn es um die Wurst geht, kommt Edinburgh nach Broughton. Da gibt es Spezialwürste mit Guinness und Whisky oder mit so fantasievollen Namen wie ›Luzifers Streichhölzer‹. Zu den lokalen Spezialitäten zählen die rauchige Auld Reekie sowie der glutenfreie Broughton Banger mit Kräutern.
97–101 Broughton St., www.sausages.co.uk, Bus 8 Broughton Place, Mo–Fr 8–17.30, Sa 7.30–17 Uhr

Have a cup of tea

Eteaket Karte 2, F 4/G 4
Sowohl im Tea Room (s. S. 91) wie auch im gleichnamigen und nahegelegenen ›Concept Store‹ gibt es reichlich Tee zum Probieren und Kaufen. Weil auch Schottland immer mehr zum Kaffeeland wird, hat ein solcher Laden zur Rettung der Teekultur fast schon Seltenheitswert.
41 Frederick St. (Tea Room)/ 111 Rose St. (Concept Store), www.eteaket.co.uk, Tram/Bus Princes Street, Tea Room tgl. 9–18, Shop tgl. 10–18 Uhr

Alles Käse

Iain J. Mellis Cheesemonger
Karte 2, H 5
Hoch türmen sich die gelbgrau-rindigen Käselaiber auf der Ladentheke in der bunten Victoria Street zwischen Royal Mile und Grassmarket. Es duftet intensiv nach schottischem *farmhouse cheese* und internationalen Spezialitäten. Der passionierte Käseliebhaber Iain Mellis verkauft aus Schottland u. a. den leicht

bröckeligen Anster aus Fife sowie den rauchigen Auld Reekie aus dem Nordosten. Der Isle of Mull Cheddar sowie der Hebridean Blue kommen von der Westküste, der ebenfalls etwas bröcklige Grimbister von Orkney. So können Sie eine käsige Rundfahrt durch Schottland antreten. In Stockbridge befindet sich eine weitere Filiale (F 3).
30a Victoria St., www.mellischeese.co.uk, Bus 23, 27, 41, 42, 67 Royal Mile/National Library of Scotland, Mo–Sa 9.30–19, So 11–18 Uhr; Stockbridge, 6 Baker's Pl. (Ecke Kerr St.), Bus 29 Kerr Street, Mo–Mi 8.30–18.30, Do/Fr bis 19, Sa 9–18, So 10–17.30 Uhr

Ökomarkt
RealFoods
Der gut sortierte Bioladen bietet in beiden Filialen, Broughton Street (H 3) und Brougham Street (F 6), eine breite Palette an ökologischen Produkten an. Im Gegensatz zu manch durchgestyltem Biosupermarkt geht es hier sympathischerweise eher wie in der Anfangszeit der Biobewegung zu.
37 Broughton St. (Broughton), Tram York Place, Bus 8 Broughton Street; 8 Brougham St. (Tollcross), Bus 10, 11, 16, 23, 27, 45 Tollcross; beide: www.realfoods.co.uk, Mo–Fr 8–21, Sa 9–18.30, So 10–18 Uhr

Königliches Wasser des Lebens
Royal Mile Whiskies Karte 2, H 5
Auch in diesem Whiskyladen ist die Auswahl unter den zahllosen Single Malts exquisit. Es finden sich auch Flaschen von kleineren Destillen, die keinen Großunternehmen angehören. Wer unentschlossen oder von der Auswahl erschlagen ist, kann sich hier zunächst ein wenig beraten lassen. Trotz der Lage mitten im Touristenbezirk schräg gegenüber der St. Giles' Cathedral ein erstaunlich gutes Geschäft.
379 High St., www.royalmilewhiskies.com, Bus 23, 27, 41, 42, 67 Royal Mile/National Library of Scotland, Sommer tgl. 10–20, sonst Mo–Mi 10–18, Do–So 10–20 Uhr

Klebrig, süß und seeehr lecker
The Fudge House Karte 2, J 5
Seit 1949 wird an der Royal Mile herrlich klebrig-karamelliges *fudge* hergestellt. Stolz ist man auf die italienischen Wurzeln des Geschäfts, das Generationen von Edinburghern mit verlockenden Varianten wie Marzipan & Amaretto, Pistazien & Weißer Schokolade, Triple Dark Chocolate, Italian Nougat und Mokka-Kaffeecreme immer wieder in Versuchung bringt.
197 Canongate, http://fudgehouse.co.uk, Bus 300 New Street/Cannongate Kirk, Mo–Fr 10–17.30 Uhr

GESCHENKE, DESIGN UND KURIOSES

Schottisches Kunsthandwerk
Flux Karte 4
Im Hafenvorort Leith bieten schottische Künstler ihre durchaus erschwinglichen Werke an: Gemälde, Glaslampen,

Chocolate Fudge mit Nüssen – eine der Verführungen im Fudge House

Schmuck, Keramik, meist mit irgendwie schottischem Tenor wie Tierplastiken aus Treibholz von Schottlands Küsten.

55 Bernard St., www.get2flux.co.uk, Bus 16, 22, 36, 300 Sandport Street, Mo–Sa 11–18, So 12–17 Uhr

Und was ist unter dem Kilt?

Gordon Nicolson Kiltmakers
Karte 2, J 5

In den letzten Jahrzehnten ist es populär geworden, dass Männer bei festlichen Anlässen, wie z. B. Hochzeiten, durchaus einen Kilt tragen, auch wenn in den Lowlands der Hochland-Kilt eigentlich keine wirkliche Tradition hat. Aber seitdem es dem Schriftsteller Walter Scott 1822 gelang, König George IV bei seinem Edinburgh-Besuch in einen solchen Kilt zu zwängen, gilt der Rock als gesamtschottisches Kleidungsstück. Ein handgefertigter Kilt kostet mehrere Hundert Pfund und es gibt auch Farbkombinationen für Menschen ohne gesicherte Clanzugehörigkeit. Auch für Frauen gibt es eine kleine Auswahl. Sie möchten wenigstens einmal im Kilt über die Royal Mile spazieren? Bei Gordon Nicolson ist selbst das kein Problem, denn in der nahe gelegenen **Filiale** wird das gesamte Outfit von den Schuhen über den Kilt bis zum Jackett auch verliehen (ab 65 £).

189 Canongate, www.nicolsonkiltmakers.co.uk, Bus 300 Canongate Kirk, Mo–Sa 9.30–17.30, So 12–16 Uhr; Kiltverleih, 19–21 St. Mary's St., nur Mo–Sa 9.30–17.30 Uhr

B
BAGPIPES

Eigentlich war der **Dudelsack** für die Weiten der Highlands gedacht, aber in einer kleinen Werkstatt inmitten der Old Town werden neue *bagpipes* – ein guter Dudelsack kostet rund 750 £ – hergestellt und alte repariert. Das Spielen des traditionsreichen Instruments erfordert viel Erfahrung und ist längst nicht so leicht, wie es zunächst aussehen mag. Dudelsäcke stammen aus dem Mittelmeerraum und erreichten Schottland im 14. Jh. Vor allem im keltisch dominierten Westen hielten sich manche Clan-Chefs bald echte *piper*-Dynastien und es gab sogar *piping schools.* Dabei ging es auch um die militärische Verwendbarkeit, und bis ins 18. Jh. fürchteten sich englische Armeen in der Schlacht vor dem Lärm der *bagpipes.* Bis heute haben schottische Regimenter eigene Dudelsack-Bands. Im zivilen Leben kommen *pipers* heute vor allem bei Hochzeiten und Beerdigungen zum Einsatz oder aber bei Highland Games.

Kilberry Bagpipes: Karte 2, J 5, 27 St. Mary's St., www.qualitybagpipes.com, Bus 6 St Mary's Street, Mo–Fr 9–16.30, Sa ca. 10–14 Uhr

Versteinerte Urzeit

Mr Wood's Fossils Karte 2, G 5

Glitzernde Drusen, perfekt präparierte Trilobiten und Urzeitfische liegen im Schaufenster am Grassmarket, ein Grund mehr, Schottlands renommiertesten Händler für Fossilien und Mineralien aus aller Welt zu besuchen.

5 Cowgatehead, www.mrwoodsfossils.co.uk, Bus 2 Grassmarket, Mo–Sa 10–17.30, Juli/Aug. auch So 12–17 Uhr

365 Tage Weihnachten

Ye Olde Christmas Shoppe
Karte 2, J 4–5

Mary Queen of Scots (Maria Stuart) oder Henry VIII (Heinrich VIII.) mit allen sechs Frauen, Scotch Terrier und dicke Katzen mit Tartanschal, Schneemänner im Kilt, winzige Krippen und viktorianische Kugeln … Solch gläserne oder samtig-weiche Kinkerlitzchen könnten doch auch gut an Ihrer Tanne baumeln!

145 Canongate, www.scottishchristmas.com, Bus 35 Canongate Kirk, tgl. ca. 10–17.30 Uhr

MODE, ACCESSOIRES

Verrückte Hüte

Fabhatrix Karte 2, G 5

Folgen Sie dem Beispiel der Queen und tragen Sie Hut!

Ein Paradies für Hutfans: Selbst entworfene und vor Ort im Keller hergestellte Hüte für Frauen und Männer füllen den Laden. Manche der zum Teil recht schrillen Modelle wirken wie aus den 1930er-Jahren, andere sind erstaunlich modern und hip. Wenn Sie eine Kopfbedeckung suchen, sind Sie hier genau richtig.

13 Cowgatehead, www.fabhatrix.com, Bus 2 Grassmarket, Mo–Fr 10.30–18, Sa 10.30–17.30, So 12–17 Uhr

Mode als Kunst

Galerie Mirages E 3

Schmuck in künstlerisch moderner Verarbeitung und aus edlen Materialien (z. B. Bernstein) findet sich in diesem Laden, der vom Raeburn Place recht versteckt durch einen schmalen Gang zu erreichen ist. Gelegentlich sind auch Textilien im Angebot.

46a Raeburn Pl., www.galeriemirages.com, Bus 24, 29, 42 Raeburn Place/Cheyne Street, Mo–Sa 10–17.30, So 12–16.30 Uhr

Wolldesign von der Isle of Skye

Ragamuffin Karte 2, J 5

Auch diese Wollmode-Boutique für Frauen hat den Weg von der Westküste, in diesem Fall von Skye, nach Edinburgh gefunden. Die Strickdesigns sind zwar klassisch, aber zugleich modern und bunt. Mehr als 100 Modedesigner/-innen sind für Ragamuffin tätig.

278 Canongate, Bus 300 Museum of Childhood, Bus 6 St. Mary's Street, Mo–Sa 10–18, So 12–17 Uhr

Schottische Wollmode

Hawico Karte 2, G 5

Schicke Baumwollmode aus Hawick in den Borders südlich von Edinburgh – eines der letzten Baumwollzentren der Lowlands – wird am Grassmarket sowohl für Damen wie für Herren verkauft. Im Gegensatz zu vielen Geschäften auf der Royal Mile wird hier offensiv auf Qualität gesetzt. Das hat natürlich auch seinen Preis.

71/81 Grassmarket, www.hawico.com, Bus 2 Grassmarket, Mo–Sa 10–18 Uhr

Vintage clothing

W. Armstrongs Karte 2, G 5

Edinburghs größtes, bereits 1840 gegründetes Emporium für Secondhand-Bekleidung ist fast schon ein Museum. Winkel und Ecken bergen hinter der roten Fassade wahre Antiquitäten wie Ballkleider aus dem frühen 20. Jh., chinesische Blusen, Hüte, Taschen und Theaterkostüme. Wer einen gebrauchten Kilt für Frau oder Kind sucht, wird hier ebenfalls fündig.

83 Grassmarket, www.armstrongsvintage.co.uk, Bus 2 Grassmarket, Mo–Do 10–17.30, Fr/Sa 10–18, So 12–18 Uhr

Cheers!

Worauf haben Sie Lust – Kino oder Konzert, Tanzen oder Theater, Party oder Pub? Alles ist möglich und das eine muss das andere ja nicht ausschließen. Edinburgh ist auch abends eine sehr aktive Stadt. Neben dem ›klassischen‹ und dem ›traditionellen‹ Angebot hat sich die Unistadt mit Clubs und Discos auch auf junges Partypublikum eingestellt.

In den letzten Jahren haben kleine Brauereien mit eigenen lebendigen Pubs das Angebot deutlich erweitert. Überall ist es Mode geworden, verstärkt Craft-Biere auszuschenken, die in Mini- oder Mikrobrauereien in ganz Schottland produziert werden. Diese handwerklich hergestellten Biere fallen zumeist schon durch ausgefallene Namen und Labels auf.

Typisch für Edinburgh ist das sehr gute Angebot an Livemusik. Im Zentrum gibt es hervorragende Pubs mit Folkmusik, aber auch Jazz, Blues sowie Rock und Pop stehen auf dem Programm. Ein ganz besonderes Bonbon ist natürlich der Festivalmonat August, der eine Unmenge an Theater, Comedy, Straßenmusik etc. in die Stadt bringt – und zu *Hogmanay* (Silvester) feiert halb Edinburgh draußen auf der Straße.

Die Zeiten, wo es um 23 Uhr eine Sperrstunde gab, sind lange vorbei. Viele Pubs haben heute zumindest bis Mitternacht und am Wochenende bis 1 Uhr geöffnet, danach übernehmen die Clubs die Szene. Hier wird zwar meist Eintritt fällig (ca. 5–15 £), aber dafür wird auch etwas geboten.

Handwerklich gebrautes Bier gibt's bei BrewDog.

ZUM SELBST ENTDECKEN

Stimmungsvolle Pubs (auch mit Live-Folk) sorgen in der **Old Town** abends für gute und eher ruhige Unterhaltung. Besonders lebhaft geht es an **Grassmarket** und **Cowgate** zu, wo vor allem am Wochenende die Party ziemlich laut werden kann – genau wie in der **Rose Street** in der **New Town.** Viel los ist im **Theaterviertel** an der Lothian Road sowie am oberen Ende des Leith Walk.

Einen Überblick über **Livemusik** von Folk über Jazz und Blues bis Rock bietet der monatliche **Gig Guide,** www.gigguide.co.uk, der in vielen Pubs kostenlos ausliegt.
Die beste **Online-Übersicht** über Veranstaltungen aller Art, auch der Schwulen- und Lesbenszene/LGBT, bietet www.list.co.uk.
Tickets für Konzerte und Clubnächte: www.rippingrecords.co.uk.

BARS UND KNEIPEN

Traditions-Pub

Abbotsford Karte 2, G 4

Nach Sir Walter Scotts Landhaus ist dieser viktorianische Pub mit Stuckdecke und viel dunklem Holz benannt. Es gibt Ales vom Fass und überdurchschnittlich gutes *pub grub* (Pub-typische Gerichte, Snacks), entweder an der holzgeschnitzten Island Bar oder im etwas formelleren Restaurant im 1. Stock. Unter der Woche geht es hier etwas ruhiger als am Wochenende zu.

3 Rose St., www.theabbotsford.com, Tram St. Andrew Square, Bus Princes Street, Mo–Sa 11–23, So 12.30–23 Uhr

Bierbrauer im Keller

Andrew Usher & Co J 6

Sehr netter Brauerei-Pub in der South Side. Seit 2014 wird hier gebraut, sechs bis acht eigene Biere und rund 20 Gastbiere stehen zur Auswahl, man kann sogar vorab probieren. Nebenan sind **The Blind Poet** sowie **The Peartree** (Pear Tree House) zwei weitere beliebte Pubs.

32b West Nicolson St., www.andrewushers.co.uk, Bus 3, 5, 7, 8, 14, 29, 30, 31, 33, 37, 49 Surgeons' Hall, Mo–Do 16–1, Fr–So 12–1 Uhr; Blind Poet, 32 West Nicholson St., www.blind-poet.co.uk; The Peartree, 38 West Nicholson St., www.peartreeedinburgh.co.uk

Quicklebendiger Bienenkorb

Beehive Inn Karte 2, G 5

Freundlicher, großer Pub mit Tischen vorne auf dem Grassmarket und einem schönen Biergarten auf der Rückseite. Hier startet auch The Edinburgh Literary Pub Tour (► S. 113). Der Bienenkorb ist immer für ein *pint* gut.

18–20 Grassmarket, Bus 2 Grassmarket, So–Do 12–23, Fr/Sa 12–1 Uhr

Die Punks unter den Bierbrauern

BrewDog Karte 2, H 5

Das jungdynamische Duo Jamie Watt und Martin Dickie aus der nordöstlichen Region Aberdeenshire haben eine kleine Revolution in der Bierbrauerszene ausgelöst. Die von ihnen gegründete Brauerei hat mit einladenden Pubs, einer gut durchdachten Bierauswahl und unorthodoxen Werbemethoden auch in Edinburgh das Publikum überzeugt. Am manchmal etwas schrillen Cowgate ist das BrewDog ein echter Lichtblick – auch saisonale sowie Gastbiere.

143 Cowgate, www.brewdog.com, Bus 2 Grassmarket, tgl. 12–1 Uhr

Austern im Pub

Café Royal Karte 2, H 4

Auch wenn es Café heißt, ist es ein Pub, eine Institution seit über 100 Jahren und ›königlich‹ allemal: Das unter Denkmalschutz stehende Interieur mit Mahagonischnitzereien, Stuckdecke und Wandkacheln ist eine Augenweide und ein sehr beliebter Treffpunkt auf ein süffiges *pint*. Die Küche hier und im etwas gehobeneren Restaurant nebenan kreist um Fisch und Meeresfrüchte. In welchem Pub gibt es schon Austern?

17a–19 West Register St., T 0131 556 18 84, www.caferoyaledinburgh.co.uk, Tram St. Andrew Square, Bus Waverley Station/Waverley Steps; Bar Mo–Mi 11–23, Do/Fr 11–24, Sa 11–1, So 12.30–23 Uhr, Restaurant 12–14, 19–22 Uhr, Hauptgerichte 13–24 £

Gin und Cocktail

Heads & Tales Karte 2, F 5

In den schummrigen Kellerräumen der Edinburgh Gin Distillery wird abends natürlich kräftig Gin ausgeschenkt, aber auch die Cocktails sind nicht zu verachten. Die niedrigen Gewölbedecken der kleinen Sitzecken verleihen der hippen Bar ein ungewöhnliches Flair.

1a Rutland Pl., www.headsandtalesbar.com, Bus Princes Street, tgl. 17–3 Uhr

Cocktails in der New Town

Tigerlily Karte 2, F 4

Die schicke, hippe Kombination aus Bar, Restaurant, DJ-Club und Hotel beeindruckt durch eine lange Liste an Cocktails und Whiskys. Dazu passen Cocktail-Mix-Vorführungen und Whiskyverkostungen, die das Haus anbietet. Das Ganze wirkt recht grell. Ein echter Kontrapunkt zum klassischen Pub. Tagsüber auch Kaffee und Lunch (2 Gänge/2 Pers. 15 £).

125 George St., www.tigerlilyedinburgh.co.uk, Bus 24, 29, 42 Frederick Street, tgl. 8–1 Uhr

Viktorianische Deko

Kay's Bar Karte 2, F 4

In der nördlichen New Town ist der mit viktorianischer Deko verzierte Nachbarschaftspub ein Hort klassischer Kneipenkultur etwas abseits der Innenstadt. Ursprünglich war dies ein Kutschenhaus, dann ein Weinhandel, sodass es neben Bier und Whisky auch einige Rebsorten an der Theke gibt. Einziger Wermutstropfen sind die modernen Bildschirme für TV-Sport.

39 Jamaica St., www.kaysbar.co.uk, Bus 24, 29, 42 Howe St./Northumberland St., Mo–Do 11–24, Fr/Sa 11–1, So 12.30–23 Uhr

LIVEMUSIK

Jazz, Jazz, Jazz

Jazz Bar Karte 2, H 5

In Sachen Jazz steigt man in Edinburgh in diesen dunklen Keller hinab. Gleich drei Gigs werden hier allabendlich geboten, angefangen mit der Teatime Acoustic Session schon am späten Nachmittag. Der Samstag beginnt noch früher – mit kostenlosem Nachmittagsjazz.

1a Chambers St., www.thejazzbar.co.uk, Bus 3, 5, 8, 14, 29, 30, 31, 33, 45, 49, 300 South Bridge, Mo–Fr 17–3, Sa/So 14.30–3 Uhr

WHISKY

Kein anderes Getränk wird so sehr mit Schottland verbunden wie der Whisky, der in über 100 Destillerien im Land hergestellt wird, vor allem in den Highlands, in der nordöstlichen Region Speyside und auf den westlichen Hebrideninseln, z. B. auf Islay.

Schottische Whiskygeschichte

In Schottland wurde das Wasser des Lebens (gälisch: *uisge beatha*) 1494 erstmals schriftlich erwähnt. Lange Zeit waren die illegale Whiskybrennerei und der Whiskyschmuggel ein beliebter Volkssport und Nationaldichter Robert Burns, im Hauptberuf selbst Steuereintreiber, rief einst gar aus: »Mit Whisky nehmen wir's gegen den Teufel auf.« Doch die Zeiten der illegalen Brennereien sind vorbei – und das, obwohl es in den letzten Jahren förmlich einen Whisky-Run gab. Derzeit entstehen zahlreiche neue Destillerien und alte werden erheblich ausgebaut – alles ganz offiziell. Whisky ist mit rund 4 Mrd. Pfund zu einem der wichtigsten Exportgüter Schottlands geworden.

Kleine Whiskykunde

Der hochprozentige Klassiker kommt grundsätzlich in zwei unterschiedlichen Formen daher: als *blended* (Verschnitt) aus mehreren Brennereien oder als *single malt* aus einer einzigen. Nach einem langen und komplexen Brennverfahren wird der Whisky zumeist in ehemaligen Sherry- oder Bourbon-Eichenfässern gelagert, bevor er als *single malt* nach zumeist mindestens 10 Jahren in Flaschen abgefüllt wird (gesetzlich vorgeschrieben sind nur 3 Jahre und 1 Tag). Sobald der Whisky in der Flasche ist, ist auch der Reifungsprozess abgeschlossen. Übrigens: Je länger der Whisky im Fass lagert, desto größer wird auch der sogenannte *angels' share* (Anteil der Engel), d. h. es verdunstet mehr. Single Malt schmeckt mal torfig, mal rauchig, mal scharf, mal mild – *Whisky tasting* ist zu einer echten Wissenschaft geworden. In der Standardversion hat der Whisky zumeist 40–43% Alkohol, weil er mit Wasser verdünnt wird. Spezialabfüllungen in Fassstärke *(cask strength)* können mehr als 55 % haben. Da Whisky zum begehrten Sammlerobjekt geworden ist, werden für manche Liebhaberausgaben astronomische Summen gezahlt.

Prost

Wer sich mit einem *wee dram* (kleinen Schluck) Whisky zuprostet, nutzt das gälische Wort *slàinte* (ausgesprochen: slahnsch) für Gesundheit.

Folk, Folk, Folk – im Sandy Bell's geht es authentisch und entspannt zu.

Eine kleine Institution

Royal Mile Tavern ✪ Karte 2, H 5
Der Pub mit seinen Spiegeln, dem Messing und poliertem Holz ist eine lokale Institution im mittleren Teil der High Street. Hier gibt es regelmäßig Livemusik (vor allem Rock und Pop). Dazu gibt es gutes *pub grub* sowie eine große Whisky-Auswahl.
127 High St., www.royalmiletavern.co.uk, Bus 300Museum of Childhood, tgl. 10–1 Uhr

Bistro-Pub auf der Royal Mile

The Canons' Gait ✪ Karte 2, J 5
Schmucker Bistro-Pub an der unteren Royal Mile mit mehreren Craft-Bieren im Ausschank sowie Mi (Folk), Do (Country/Folk) und Sa (Cover) ab 21 Uhr Livemusik. Hier treffen Sie mehr Einheimische als weiter oben an der Royal Mile.
232 Canongate, www.gait.bar, Bus 300 New Street/Canongate Kirk, Mo–Fr 11–23/24, Sa 11–1 Uhr

Satte Deko

Voodoo Rooms ✪ Karte 2, H 4
Die Klientel an der ledergepolsterten Bar ist fast so schön wie das historische Interieur, eine Symphonie aus schwarz-goldenem Säulen- und Stuckprunk. Cocktailbar, Livemusik (z. B. Blues), Clubabende und Restaurant sorgen für ein Rundum-Angebot.
19a West Register St., www.thevoodoorooms.com, Tram St. Andrew Square, Bus Waverley Station/Waverley Steps, Mo–Do 16–1, Fr–So 12–1 Uhr

Party bei Livemusik

Whistlebinkies ✪ Karte 2, H 5
Jeden Abend spielen Livebands eine breite Palette von Musikstilen – von Indie über Rock bis Folk, aber auch Bluegrass – mit Tanzfläche! Ein authentischer Musikschuppen an der Royal Mile.
4–6 Niddry St./South Bridge, www.whistlebinkies.com, Bus 3, 5, 8, 14, 29, 30, 33, 45, 49, 300 South Bridge, Mo–Do 17–3, Fr–So 13–3 Uhr

FOLK

Institution für Folkmusik

Sandy Bell's ✪ H 6
Für Folkmusik-Freunde ist das schmale Sandy Bell's ein Muss. Werktags gibt es ab 21 Uhr Sessions, Sa/So auch schon nachmittags. Das Ganze ist authentisch ohne jeden Schnickschnack. Über der Bar hängt die Büste von Hamish Henderson, der schottischen Folkikone.
25 Forrest Rd., www.sandybellsedinburgh.co.uk, Bus 23, 27, 41, 42, 67 Royal Museum/Forrest Road, Mo–Sa 11.30–2, So 12.30–2 Uhr

Jeden Abend Folk

The Royal Oak ✪ Karte 2, H–J 5
Genau wie das Sandy Bell's ein absolutes Muss für Folkfreunde. In der

Immer wieder Live-Acts im Liquid Room, hier die Band Don Broco in Aktion

kleinen Bar gibt es Folksessions (ab ca. 21–21.30 Uhr), unten auch den Wee Folk Club. Sonntags wird schon nachmittags zur *fiddle* gegriffen. Samstags startet hier um 12 Uhr die ultimative Rebus-Tour rund um Krimiautor Ian Rankin (► S. 113).

1 Infirmary St., www.royal-oak-folk.com, Bus 3, 5, 8, 14, 29, 30, 33, 45, 49, 300 South Bridge, Mo–Sa 11.30–2, So 12.30–2 Uhr

Folk und Whisky

Whiski Bar & Restaurant
Karte 2, H 5

Jeden Abend startet im mittleren Teil der Royal Mile gegen 21.30 Uhr Livemusik, darunter viel Folk. Das Pub-Restaurant ist zwar recht touristisch, aber die Musik ist oft sehr gut und hinter der Theke warten rund 250 Whiskys darauf, verkostet zu werden!

119 High St., www.whiskibar.co.uk, Bus 35 Royal Mile, tgl. 10–1 Uhr

TANZEN & CLUBS

Schwul-lesbischer Club

CC Blooms J 3

Edinburghs einziger rein schwul-lesbischer Pubclub ist immer proppenvoll. Jeden Abend legen am Anfang des Leith Walk DJs auf; solange die Sonne scheint, ist auch die Terrasse vor dem CC Blooms gut gefüllt. Weitere Infos zur LGBT-Szene in Edinburgh: www.visitscotland.com/de-de/about/lgbt.

23 Greenside Pl., www.ccblooms.co.uk, Tram, Bus 10, 11, 12, 16, 44 York Place, tgl. 18–3 Uhr

DJs und Clubreihen

The Liquid Room Karte 2, H 5

Häufig finden auch Live-Acts in den beiden Souterrainräumen an der flippigen Victoria Street statt. Einige Themenabende sind Dauerrenner der Edinburgher Clubszene. Ideal, um nach Grassmarket und Cowgate weiterzufeiern.

9c Victoria St., www.liquidroom.com, Bus 23, 27, 41, 42, 67 Royal Mile/National Library of Scotland, tgl. 22.30–3 Uhr

Saturday Night Fever

The Bongo Club Karte 2, H 5

Unterhalb der George IV Bridge heizt der Ankerclub der Szene dem Partypublikum ordentlich ein. Im August verwandelt sich der Bongo Club in den Hauptveranstaltungsort der Fringe-Reihe Underbelly.

66 Cowgate, www.thebongoclub.co.uk, www.underbellyedinburgh.co.uk, Bus 2 Grassmarket, Di–So ca. 23–3 Uhr (bei Konzerten früher geöffnet)

HÖHEPUNKTE DES EDINBURGHER KULTURPROGRAMMS

Das Leben ist ein Festival
Edinburgh ist eine Stadt der Festivals mit diversen renommierten Veranstaltungen zu Buch, Film und Jazz. Informationen zu allen Festivals finden sich im Netz unter: www.edinburghfestivalcity.com/de
Höhepunkt der Festivalsaison ist der August, wenn fünf große Festivals gleichzeitig um die Aufmerksamkeit des Publikums buhlen. Dann herrscht in Edinburgh Ausnahmezustand, da an mehr als 300 Veranstaltungsorten rund 50 000 Events für 2,5 Mio. Besucher stattfinden. Das ist Kultur pur! Leider ist, wo Licht ist, auch Schatten, denn Unterkünfte sind im August sehr rar und deutlich teurer als sonst.
Flaggschiff des Kulturmonats ist das dreiwöchige **Edinburgh International Festival** (www.eif.co.uk), das bereits seit dem Jahr 1947 stattfindet und die ›hohe Kunst‹ von Theater über Oper und Klassik bis zu Tanz auf die Bühne bringt.
Am ›Rand‹ *(fringe)* des International Festival entstand schon im ersten Jahr eine alternativere Veranstaltungsreihe, die seither als ebenfalls dreiwöchiges **Edinburgh Festival Fringe** (www.edfringe.com) für die Masse der Veranstaltungen verantwortlich ist. Hier geht es lockerer und anarchischer als beim ›offiziellen‹ Event zu. Nicht zuletzt, weil sich am ›Rand des Randes‹ nochmals zwei weitere Events, das **Free Fringe** (http://freefringe.org.uk) und das **Free Festival** (www.freefestival.co.uk) abgesetzt haben. Diese versuchen mit kostenlosen Bühnenshows, finanziert auf Spendenbasis, wieder zurück zu den (wilden) Anfängen zu kommen.
Der August ist – kaum verwunderlich – auch der Monat der **Straßenkünstler, Musiker** und **Artisten,** die die High Street im Bereich um die St. Giles' Cathedral zu fast jeder Tageszeit in eine einzige große Open-Air-Bühne verwandeln.

Open Air
Der Festivalmonat August wäre nicht komplett ohne das bunte, ebenfalls dreiwöchige Spektakel des **Royal Edinburgh Military Tattoo** (www.edintattoo.co.uk, ► S. 21) auf der Esplanade vor dem Castle.
Aber auch im Winter gibt es ein Open-Air-Highlight: Die Schotten feiern ihr Silvester als **Hogmanay** (www.edinburghshogmanay.com) ausgelassen in den Straßen auf Europas größter Silvestersause. Die großen Events in der Altstadt kosten Eintritt, aber das tut der Stimmung keinen Abbruch. Bunte Hingucker sind der Wikinger-Fackelumzug am 30. Dez. sowie das Neujahrsschwimmen in South Queensferry. Kein Wunder also, dass der 2. Januar auch noch als Feiertag gilt.

Theater und Kino
Edinburgh ist eine Theaterstadt mit einem echten **Theaterviertel** (► S. 52) im West End. Dort liegen auch die wichtigsten Programmkinos. Weitere interessante Adressen für Theater, Comedy und Konzerte:

Edinburgh Playhouse Theatre
✪ Karte 2, J 3
Vor allem Musicals, aber auch Ballett, Comedy und Konzerte.
www.playhousetheatre.com

The Queens Hall ✪ J 7
In der ehemaligen Kirche finden heute erstklassige Konzerte statt – von Klassik über Blues und Folk bis zu Jazz.
www.thequeenshall.net

The Stand Comedy Club
✪ Karte 2, H 4
Der nette Kellerclub bringt tgl. 20.30/21 Uhr Comedians auf die Bühne, So auch schon um 12.30 Uhr – dann sogar kostenlos.
www.thestand.co.uk

Hin & weg

ANKUNFT

Edinburghs Flughafen liegt nur 13 km westlich der Stadt, Edinburghs Hauptbahnhof sehr zentral zwischen Princes Street und Old Town.

Edinburgh International Airport (EDI): 🕮 Karte 3, B 3
an der A 8 bei Ingliston, T 0844 44 888 33, www.edinburghairport.com.

Mit dem Airlink in die Stadt: Mit dem öffentlichen Nahverkehr kommt man vom Flughafen sehr leicht in die Stadt, am günstigsten und schnellsten mit dem Flughafen-Expressbus Airlink 100 (www.lothianbuses.com, 24 Std., alle 10 Min., nachts alle 15 Min., Fahrzeit 30 Min. bis Endhaltestelle Waverley Bridge am Hauptbahnhof Waverley Station). Unterwegs halten die bequemen Doppeldecker u. a. auch am Bahnhof Haymarket im West End und an der Princes Street. Tickets kosten einfach 4,50 £ (Kinder 2 £), hin und zurück 7,50 £ (Kinder 3 £).

Mit der Tram in die Stadt: Zwischen 6.15 und 22.45 Uhr verkehrt alle 10–15 Min. auch eine Tram vom Flughafen in die Innenstadt mit Stopps am Bahnhof Haymarket, im West End, auf der Princes Street, am St. Andrew Square bis zur Endhaltestelle York Place. Die Fahrzeit bis York Place beträgt ca. 35 Min. Tickets kosten einfach 5,50 £ (Kinder 3 £), hin und zurück 8,50 £ (4,50 £). Die Ticket-Automaten nehmen nur Münzgeld oder Karten.

Mit dem Taxi in die Stadt: Eine Taxifahrt kostet je nach Ziel, Verkehrsdichte und Tageszeit ca. 20–25 £.

Waverley Station: 🕮 Karte 2, H 4
zwischen Market St. (Old Town) und Princes St. (New Town). Seit dem Tunnelbau und dem Schnellzug-Anschluss nach London St. Pancras sind die Fahrzeiten nach Schottland deutlich gesunken. Von Köln benötigt man mit Umstieg in Brüssel und London ca. 10,5–11,5 Std. Allerdings müssen die Tickets für die britischen Züge ab London King's Cross (direkt neben St. Pancras) bei London North Eastern Railway (www.lner.co.uk) online erworben werden, da die DB nur Tickets bis London verkauft (www.bahn.de).

B
BREXIT

Auch nach dem Brexit-Referendum vom Juni 2016 bleiben vorerst alle bisherigen Einreiseregelungen bis zur Verabschiedung gegebenenfalls neuer Regelungen in Kraft. Da Großbritannien – und damit auch Schottland – schon bisher nicht Teil des Schengen-Raums war und ist, müssen Sie ohnehin mit einem gültigen Personalausweis oder Reisepass bei der Einreise durch eine Passkontrolle gehen. Solange GB/ Schottland in der EU ist, gilt aber der zollfreie Warenverkehr wie in der restlichen EU.

ELEKTRIZITÄT

Will man Ladegeräte oder einen Föhn im Hotelzimmer oder sonstwo anschließen, braucht man einen Adapter für die dreipoligen britischen Steckdosen.

GELD

In Schottland wird mit dem **Britischen Pfund** (£ oder GBP) bezahlt. Allerdings dürfen mehrere schottische Banken eigene Banknoten ausgeben. Diese gelten in ganz Großbritannien als gesetzliches Zahlungsmittel, werden aber manchmal von heimischen Banken nur zu einem schlechteren Kurs zurückgetauscht. Jedenfalls sollten Sie sich auf eine Vielzahl an unterschiedlichen Scheinen im Portemonnaie einstellen.

Wechselkurs: September 2018
1 £ = 1,13 € = 1,30 CHF
1 € = 0,89 £, 1 CHF = 0,77 £

INFORMATIONSQUELLEN

www.edinburgh.org: Offizielle Website von Marketing Edinburgh mit zahlreichen nützlichen Infos u. a. zu den Topattraktionen, zum Verkehr, zu Parks und Gärten sowie zu Silvester (Hogmanay) und zur schwul-lesbischen LGBT-Community.
www.edinburgh.gov.uk: Die Homepage des City Council (Stadtverwaltung) ist zwar vorrangig für Einheimische gedacht, enthält jedoch auch nützliche Hinweise zu Verkehr, Sport, öffentlichem Nahverkehr und Spielplätzen.
www.edinburghfestivalcity.com/de: Deutschsprachige Startseite mit den wichtigsten Infos zu den großen Festivals der Stadt. Nähere Details dann aber nur auf Englisch.
www.list.co.uk: Veranstaltungstipps für Theater, Kino, Konzerte und andere Events in Edinburgh.
www.metoffice.gov.uk: Wettervorhersagen für Edinburgh und das ganze Land.
www.visitscotland.com/holidays-breaks/accessible: Infos und Links zu barrierefreiem *(accessible)* Urlaub in Schottland.
www.scotland.gov.uk: Website der schottischen Regierung mit vielen Infos zu Kultur, staatlicher Organisation, Parlament, Wirtschaft, Umwelt, etc.
www.scotsman.com: Edinburghs wichtigste Tageszeitung informiert online ausführlich über das schottische Tagesgeschehen, natürlich auch mit Infos aus der Hauptstadt.

Touristeninformationen

VisitScotland: www.visitscotland.com. Das schottische Fremdenverkehrsamt unterhält in Edinburgh zwei Touristeninformationen *(iCentre)*, die kompetent mit allgemeinen Infos zur Stadt weiterhelfen können, aber auch Unterkünfte buchen (gegen eine Gebühr von 4 £), Veranstaltungstickets verkaufen und über viel Infomaterial verfügen:
Edinburgh Airport Information Centre: Karte 3, B 3, T 473 36 90, April–Okt. tgl. 6.30–20.30, Nov.–März 7.30–19 Uhr. Vergleichsweise kleine Filiale im Flughafen, aber mit vollem Service.
Edinburgh City Centre: Karte 2, H 4, 3 Princes St. (Waverley Mall), T 0131 473 38 68, Sept.–Mai Mo–Sa 9–17, So 10–17, Juni Mo–Sa 9–18, So 10–18, Juli–Aug. Mo–Sa 9–19, So 10–19 Uhr. Große Filiale, zusätzlich mit kleinem Shop (Karten etc.) und kostenlosem Internetzugang.

SICHERHEIT UND NOTFÄLLE

Die schottische Hauptstadt ist im Allgemeinen sehr sicher. Das häufigste Delikt gegenüber Touristen ist – wenn überhaupt – Diebstahl.
Zentraler Notruf: T 999 (Polizei, Feuerwehr, Krankenwagen, kostenlos)
Polizei-Hotline: T 101 (bei Schadensmeldungen, z. B. Diebstahl, Autounfällen ohne Personenschaden, kostenlos)
Gesundheits-Hotline: T 111 (z. B. bei Beratungsbedarf oder Arztsuche, kostenlos)
Konsulate: Deutsches Generalkonsulat, 16 Eglinton Crescent, T 0131 337 23 23, www.edinburgh.diplo.de; **Österreichisches Honorarkonsulat,** vorübergehend geschlossen, www.bmeia.gv.at; **Schweizer Honorar-Generalkonsulat,** 58/2 Manor Pl., T 0131 225 93 13, www.eda.admin.ch/london
Bank-/Kreditkarten-Sperrung: T (0049) 116 116, www.116116.eu

UMWELTFREUNDLICH UNTERWEGS

Öffentliche Verkehrsmittel

Edinburgh besitzt einen sehr effizienten Nahverkehr, der sich vornehmlich auf die ca. 50 **Buslinien** und eine **Tramlinie** des städtischen Nahverkehrsunternehmens Lothian Buses stützt sowie auf Regionalbusse verschiedener privater Anbieter, die Edinburgh mit dem Umland verbinden. Eine kleinere Rolle im Nahverkehr spielt die **Eisenbahn,** da es nur wenige Vorortbahnhöfe und keine S-Bahn gibt.

Lothian Buses: T 0131 554 44 94, www.lothianbuses.com (mit Fahrplänen, aktuellen Ticketinfos), **Travelshop Waverley Bridge,** 🗺 Karte 2, H 5, Mo, Do 9–19, Di–Mi, Fr 9–18, Sa 9–17.30, So 10–17.30 Uhr; **Travelshop 27 Hanover Street,** 🗺 Karte 2, G 4, Mo–Fr 9–18, Sa 10–18 Uhr (auch Fundbüro).

Die Busse verkehren im Tagesbetrieb ca. zwischen 4.30 und 24 Uhr regelmäßig in alle Teile der Stadt. Praktisch alle Buslinien laufen auf der zentralen Princes Street zusammen, sodass alle Busse 1–2 x auf oder unmittelbar an der wichtigen Verkehrsader halten. Hier ist dann u. a. der Umstieg in die Tram sowie in die Züge des Fernverkehrs möglich.

Einzeltickets kosten 1,70 £ (Kinder 0,80 £), **DayTickets** 4 £ (Kinder 2 £). Die Tickets müssen vorne beim Fahrer erworben werden. Dazu wird das Bargeld in einen Münzschlitz geworfen – da es kein Wechselgeld gibt, sollte man das Fahrgeld unbedingt passend zur Hand haben.

Ein Dutzend **Nachtbuslinien** versorgt Edinburghs Nachtschwärmer tgl. 0–ca. 4.30 Uhr alle 30–60 Min. Von der Innenstadt aus werden alle Außenbezirke angefahren. Die Nachtbusse sind mit einem »N« gekennzeichnet und die **Day&Night Tickets** sind für 3,50 £ schon ab 18 Uhr unbegrenzt die ganze Nacht gültig.

Hinweis: Wer mit einer anderen Busgesellschaft fährt (z. B. nach South Queensferry), muss dafür ein eigenes Ticket erwerben.

Taxi

Die schwarzen *cabs* gehören auch in Edinburgh zum Stadtbild. Der Grundtarif (2,60 £ für die ersten 516 m/105 Sek. plus 0,25 £ für weitere 174 m/37 Sek.) gilt Mo–Fr 6–18 Uhr für bis zu zwei Personen. Abends und nachts sowie am Wochenende wird es etwas teurer. Bei Telefonbuchungen, Flughafenfahrten sowie bei mehr als zwei Passagieren werden ebenfalls Zuschläge erhoben.

Fahrrad

Edinburgh ist vor allem im Zentrum (noch) keine ideale Stadt für Radfahrer. Zum einen gibt es kaum Radwege, zum anderen können einem rund um die Altstadt auch kräftige Steigungen das Leben schwer machen. Aber es tut sich was: Der Anteil der Radfahrer erhöht sich langsam und soll bis 2020 auf 10 % steigen, neue Radwege werden gebaut und momentan wird eine durchgehende West-Ost-Verbindung für Radler geplant.

Besser sieht es in den Außenbezirken aus. Vor allem entlang dem Union Canal (ab Fountainbridge/Tollcross nach Westen) oder über eine alte Eisenbahnstrecke von Haymarket Richtung Lauriston/South Queensferry bzw. vom Holyrood Park vorbei am Duddingston Loch Richtung Portobello lässt sich problemlos radeln.

Edinburgh Bike Tours: 🗺 Karte 4, 12b Timberbush, Leith, T 07753 13 66 76, www.edinburghbiketours.co.uk. Vier geführte Radtouren ab Leith entlang der Küste bzw. in die Stadt, auch eine kleine kinderfreundliche Tour (2 Std., 8 km, Kinder frei). Ab 30 £.

Fahrradverleih: Biketrax, 🗺 F 7, Lochrin Pl. (Tollcross), T 0131 228 66 33, www.biketrax.co.uk, Mo–Fr 9.30–18, Sa 9.30–17.30 Uhr. Gute City-Bikes 20 £/24 Std. (weitere Tage plus 15 £, Woche 90 £). Die Räder werden komplett mit Helm, Schloss, Pumpe und Reparaturset verliehen. Gegen eine Kaution von 100 £, Personalausweis oder Kreditkarte.

Stadtführungen

Klassische allgemeine Stadtführungen gibt es in Edinburgh weniger, dafür mehr Themenrundgänge durch die Altstadt, oft mit Geister- und Grusel-Schwerpunkt (**Achtung:** Manche der Gruseltouren werden nur für Erwachsene angeboten, man solltedunkle Räume aushalten können). Ebenso sind in Edinburgh aufgrund der vielen bekannten Autoren Literaturführungen gefragt.

Auch Touren zur Stadtgeschichte bietet **Mercat Tours** (🕮 Karte 2, H 5, 28 Blair St., T 0131 225 54 45, www.mercattours.com, ab 13 £, ermäßigt 11 £, 5–15 Jahre 8 £, Familientickets ab 34 £) an: Verschiedene Geschichts- ebenso wie spezielle Geistertouren nicht nur in die geheimnisvollen Gewölbekeller im Bereich Blair Street/Mercat Cross, Start ist am Mercat Cross (🕮 Karte 2, H 5). Teils auf Deutsch.

Auld Reekie: 🕮 Karte 2, H 5, 45 Niddry St., T 0131 557 47 00, www.auldreekietours.com, ab 12 £, ermäßigt/Kinder ab 10 £. Geister- und Gruselführungen durch die Ober- und Unterwelt. Nur auf Englisch.

City of the Dead: T 0131 225 90 44, www.cityofthedeadtours.com, ab 13 £, ermäßigt 11 £, Kinder 9 £. Ab der St. Giles' Cathedral (🕮 Karte 2, H 5) geht es in die Stadt der Toten und auf verwunschene Friedhöfe.

Eat Walk Edinburgh: T 07740 86 93 59, www.eatwalkedinburgh.co.uk, Canongate-Tour 59 £, Old/New Town 65 £. Informative Gastrotouren mit zahlreichen kulinarischen Kostproben (► S. 92).

Rebustours: T 0131 553 74 73, www.rebustours.com, Sa 12 Uhr, 15 £. Colin Brown entführt seine Gäste auf sehr unterhaltsame Weise in die Welt von Krimiautor Ian Rankin und seines grantigen Detective Inspector Rebus. Dabei erfährt man auch viel über die Stadt und entdeckt Ecken, die nicht unbedingt zum normalen Sightseeing-Programm gehören. Startpunkt ist der Pub The Royal Oak (✪ Karte 2, H–J 5, 1 Infirmary St.)

The Edinburgh Book Lovers' Tour: T 07770 16 36 41, www.edinburghbooktour.com, Mai–Juli, Sept. Fr–So 11.30, Aug. Mi–So 11.30, Okt.–März So 13.30 Uhr, 12 £, ermäßigt 11 £. In eine »Weltstadt der Literatur« gehören selbstverständlich literarische Führungen.

Vom **Writers' Museum** (🕮 Karte 2, H 5) geht es zu wichtigen Schauplätzen für Literaturfans, mit vielen Hintergrundinfos.

The Edinburgh Literary Pub Tour: T 0800 169 74 10, www.edinburghliterarypubtour.co.uk, Jan.–März Fr, So 19.30, April, Okt. Do–So 19.30, Mai–Sept. tgl. 19.30, Nov./Dez. Fr 19.30 Uhr, 14 £, erm. 10 £. Ca. zweistündige Literaturführung ab Beehive Inn (✪ Karte 2, G 5) am Grassmarket durch die Old und New Town mit Pub-Stopps.

Stadtrundfahrten

Edinburgh Bus Tours: T 0131 556 22 44, www.edinburghtour.com, ab Waverley Bridge (🕮 Karte 2, H 4). Die ganzjährigen Hop-on-Hop-off-Touren dieses Tochterunternehmens von Lothian Buses (Sie können so oft aus- und wieder zusteigen, wie Sie möchten) werden mit Doppeldeckerbussen durchgeführt. Tickets beim Fahrer, Preise s. u. Die klassischen Rundfahrten (alle mit mehrsprachigem Audioguide) sind **CitySightseeing Edinburgh** und **Edinburgh Tour,** die **Majestic Tour** führt auch nach Leith und zum Botanischen Garten. Ebenfalls

Hop-on-Hop-off in Edinburgh

über **Edinburgh Bus Tours** buchbar ist die **Bridges Tour** (März–Nov., englischer Livekommentar), die nach South Queensferry führt und dort per Boot auf dem Firth of Forth fortgesetzt wird.

Ticketpreise: für die ersten drei Touren 24-Std.-Ticket je 15 £, ermäßigt 14 £, Kinder 7,50 £, Familien 36 £, 24-Std.-Kombiticket für alle vier Kategorien 20/18/10/49 £, 48-Std.-Kombiticket (Grand 48) 22/20/11/54 £, 48-Std.-Kombiticket inklusive Bridges Tour (Grand 48+) 32/30/16/79 £; s. hierzu auch ► S. 77).

O-Ton Edinburgh

A WEE DRAM

ein kleiner Schluck
meint einen Schluck Whisky

tatties and neeps

Kartoffeln und Rüben
meist zerstampft als Beilage für Haggis

AYE/NAW

ja/nein

Ah dinnae ken

Ich weiß nicht/ keine Ahnung (schottisch)

GARDYLOO!

Achtung Wasser
Warnruf, wenn früher in der Altstadt Schmutzwasser in die Gasse gekippt wurde

HOW ARE YOU?/ I'M FINE.

Wie geht's?/Mir geht's gut
typischer Beginn einer Unterhaltung

What a bonnie/dreich day!

Was für ein schöner/ miserabler, nasskalter Tag

Auld Reekie

Alte Verräucherte
Spitzname für Edinburgh, weil es so verräuchert war

O Flower of Scotland

Oh Blüte Schottlands
Titel der inoffiziellen Nationalhymne Schottlands

Aye, Edinburgh is all right.

Ja, Edinburgh ist schon okay
schottisches Understatement für: Edinburgh ist eine wunderbare und großartige Stadt

Scotland is not England.

Schottland ist nicht England
Vielen Schotten ist die Eigenständigkeit wichtig, denken Sie daran

28 York Place 87

A
Abbotsford 105
Abbotsford Guest House 87
Albyn Townhouse 88
Altstadt s. Old Town
Andrew Usher & Co 105
Ankunft 110
Ardmor House 88
Arthur's Seat 11, 45
Artisan Roast 91
Ashlyn Guest House 88
Auld Reekie 28
Auld Reekie (Touranbieter) 33, 113
Ausgehen 104

B
Bakehouse Close 36
Balcony Café 50
Balmoral Hotel 55
Bars 105
Bass Rock 85
Bauern- und Gastromärkte 100
Beehive Inn 105
Bennet's 53
Biketrax 112
Blackwell's 99
Bonnie Prince Charlie 59
Bon Papillon 91
Botschaften s. Konsulate
Braveheart 21
BrewDog 105
Brexit 44, 110
Bridges Tour 113
Broughton 10
Broughton Street 73
Brown, Dan 83
Bruntsfield 11, 54
Bücher 99
Burke, William 81
Burns, Robert 80
Burry Man Parade 75
Buslinien 111
Bute House 60

C
Cadenhead's 99
Café at the Palace 40, 44
Café Bar im Filmhouse 54
Café Hub 28
Café Royal 105
Cafés in Museen 94
Café Tartine 94
Café Truva 36
Calton Hill 11, 21, 67
Cameo 53
Camera Obscura and World of Illusions 26
Canongate 34, 35
Canongate Kirk 35
Castlehill 25
Castle Rock Hostel 87
Castle Terrace 53
Castle View Guest House 87
Charles II 39, 81
Charlotte Square 60
City Art Centre 78
City Chambers 31
City Observatory 69
City of the Dead 113
CitySightseeing Edinburgh 113
Clarinda's Tearoom 36
Clubs 108
Collective Gallery 69
Connery, Sean 62, 120
Contini Canonball Restaurant 28
Cowgate 29
Craft Beers 104
Craig, James 55, 60, 69
Craigleith 85
Cranachan & Crowdie 99
Crombies of Edinburgh 99

D
Darnley, Lord 39
David Bann 93
David Hume Mausoleum 69
David I 38
Deacon Brodie's Tavern 33
Dean Village 10, 64
Delikatessen 99
Dene Guest House 89
Design 101
Discos 108
Distelorden 31
Dovecot Gallery 78
Doyle, Arthur Conan 81, 120
Dr Neil's Garden 47
Duddingston 11, 45
Duddingston Kirk 47
Duddingston Loch 47
Dudelsack 98, 102
Dugald Stewart Monument 69
Dunbar's Close Garden 36
Dundas Street 62
Dunfermline 74
Dunsapie Loch 47
Dusit 97
Dynamic Earth 78

E
Eat Walk Edinburgh 92, 113
Edinburgh Bike Tours 112
Edinburgh Books 99
Edinburgh Bus Tours 113
Edinburgh Castle 20
Edinburgh Central Youth Hostel 87
Edinburgh Farmers' Market 53, 100
Edinburgh Festival Fringe 109
Edinburgh Gin Distillery 58
Edinburgh International Airport 110
Edinburgh International Festival 109
Edinburgh Playhouse Theatre 109
Edinburgh Tour 113
Edinburgh Waterfront 73
Edinburgh Zoo 66
educatedflea 97
Edward I 24
einkaufen 10
Einkaufen 98
Einkaufsstraßen 10
Eisenbahn 112

Elektrizität 110
Elephant House 80
Elizabeth I 24
Elizabeth II 24, 37
Esplanade 21
Eteaket 91, 100

F
Fabhatrix 102
Fahrrad 112
Fahrradverleih 112
Ferienapartments 88
Ferry Fair 75
Festivalmonat 104
Festival Square 52
Filmhouse 53
First Minister's Question Time 43
Firth of Forth 11, 70, 74
Fish'n'Chips 92
Flux 101
Folk 107
Fontane, Theodor 39
Forth Belle 76
Forth Bridge Cruise Bus & Boat Tour 77
Forth Rail Bridge 11, 75
Forth Road Bridge 76
Frederick House Hotel 88
Free Festival 109
Free Fringe 109
Fruitmarket Gallery 79
Full Scottish Breakfast 92

G
Gastroführung 92
Geld 110
George Street 10, 59
Georgian House 10, 60
Geschenke 101
Gesundheits-Hotline 111
Gladstone's Land 27
Gordon Nicolson Kiltmakers 102
Grassmarket 29
Grassmarket Market 29, 100
Greyfriars Bobby 35, 51, 81, 120
Greyfriars Kirkyard 51, 81

H
Haggis 92
Hanam's 28, 94
Harpunenkanone 71
Harvey Nichols 62
Hawes Pier Inn 77, 92
Hawico 103
Heads & Tales 58, 105
Henderson's 94
High Street 34
High Street (South Queensferry) 75
Hill Street 62
Hogmanay 109
Holyrood Abbey 38
Holyrood Lodge Information Centre 46
Holyrood Park 11, 45
Hopetoun House 76
Hotel Ceilidh-Donia 89
Howies 68, 97

I
Iain J. Mellis Cheesemonger 100
Inchcolm 76
Informationsquellen 111

J
James I 24
James IV 38
Jazz Bar 106
Jenners 58
John Knox House 34
Jolly Judge 29

K
Kartensperrung 111
Kay's Bar 106
Khushi's 95
Kilberry Bagpipes 102
King, Mary 31
King's Theatre 53
King's Wark 95
Kneipen 105
Knox, John 31
Konsulate 111
Kronjuwelen 23
Küchenklassiker 92
Kulturprogramm 109
Kunsthandwerk 101
Kurioses 101

L
La p'tite folie 97
Lawnmarket 27
Lebensmittel 99
Le Di-Vin 97
Leith 11, 70
Leith Market 100
Leith Walk 10, 73
Livemusik 104, 106
Lothian Buses 112
Lothian Road 11, 52

M
Mackenzie, Lord Advocate Sir George 81
Maid of the Forth 76
Majestic Tour 113
Malmaison 71, 89
Mamma Roma 95
Mansion, Shirley 120
Margaret Tudor 23
Maria Stuart 31, 37, 39, 120
Martyrs' Monument 69
Mary King's Close s. The Real Mary King's Close
McCall Smith, Alex. 83
Melville Monument 62
Mendelssohn-Bartholdy, Felix 38
Mercat Cross 31
Mercat Tours 33, 112
Military Prison 24
Miniatursärge 47
Miralles, Enric 41
Moray Place 62
Morningside 54
Mother India's Café 97
Mr Wood's Fossils 102
Murrayfield Stadium 66
Museum of Childhood 35
Museum of Edinbgh. 35
Museum on the Mound 79
Museumscafés 94
Musik 99

N
National Monument 68
National Museum of Scotland 48
Nelson Monument 69

Nelson Tower 21
Netherbow Port 35
New Town 10, 55, 59
Nor Loch 55
North Berwick 85
Notfälle 111
Notruf 111

O
Ocean Terminal 73
Öffentliche Verkehrsmittel 111
Old Calton Burial Ground 69
Old Custom House 71
Old Observatory 69
Old Town 10, 25, 34
One O'Clock Gun 21
Open Air 109
Open Eye Gallery 79
Orocco Pier 77
Oxford Bar 62, 81
Oyster Bar 105

P
Palace of Holyroodhouse 37
Panmure House 35
Parlamentscafé 44
Parlamentsgebäude, altes 31
Parlamentsgebäude, neues s. Scottish Parliament
Patisserie Florentin 65, 91
People's Story Mus. 35
Pink Triangle 73
Playfair, William H.y 67
Polizei-Hotline 111
Portobello 11, 85
Princes Street 10, 55
Princes Street Gardens 55, 84
Priory Church 75
Prisons of War Museum 24
Programmkinos 53
Pubs 105

Q
Queensberry House 42
Queensferry Crossing 76
Queensferry Museum 75
Queen's Gallery 40
Queens Guest House 87
Queen Street Grdns. 62

R
Ragamuffin 103
Rankin, Ian 81, 120
Rankins, Ian 81
RealFoods 101
Rebustours 113
Red Coat Café 21
Restaurants 90
Rick's 88
Rizzio, David 39
Robert the Bruce 21
Roseburn Terrace 66
Rose Street 62
Rosslyn Chapel 83
Rowling, J. K. 57, 70, 80, 81, 120
Royal Bank of Scotland, ehem. Hauptqu. 62
Royal Botanic Garden Edinburgh 10, 64
Royal Circus 62
Royal Deck Tea Room 72
Royal Edinburgh Military Tattoo 21, 109
Royal Lyceum Theatre 53
Royal Mile 10, 25, 30, 37
Royal Mile Tavern 107
Royal Mile Whiskies 101
Royal Museum s. National Museum of Scotland
Royal Yacht Britannia 73
Rugby 66

S
Salisbury Crags 47
Sandeman House 88
Sandy Bell's 107
Scotland Street 83
Scottish Government 71
Scottish National Gallery 10, 57
Scottish National Gallery of Modern Art 11, 66
Scottish National Portrait Gallery 62
Scottish National War Memorial 24
Scottish Parliament 41
Scottish Seabird Ctr. 85
Scottish Storytelling Centre 35
Scott Monument 57
Scott, Walter 57, 80, 120
Scran & Scallie 95
Shoppen 10, 98
Short, Maria Theresia 26
Sicherheit 111
Signal Tower 71
Smith, Adam 35
Smith, Maggie 81
South Bridge 33
South Queensferry 11, 74
Southside 10
Southside Guest House 88
Souvenirs 101
Spirit of Thai 54
Stadtführungen 112
Stadtrundfahrten 85, 113
St. Andrew's Church 61
St. Andrew Square 62
St. Anthony's Chapel 46
St. Bernard's Well 64
Stevenson, Robert Louis 77, 80
St. Giles' Cathedral 30
Stills Centre of Photography 79
St. John's Church 58
Stockbridge 10, 64
Stockbridge Market 100
Stockbridge Tap 65
Stone of Destiny 23
Sturgeon, Nicola 120
Supreme Courts 31
Surgeons' Hall Mus. 81

T
Taisteal 95
Talbot Rice Gallery 79
Tanzen 108
Tartan Noir 82
Tea Rooms 22
Theaterviertel 109
The Baked Potato Shop 94

The Binks 75
The Bongo Club 108
The Canons' Gait 107
The Dome 61
The Edinburgh Book Lovers' Tour 113
The Edinburgh Dungeon 78
The Edinburgh Literary Pub Tour 113
The Fudge House 101
The Hub 26
The King's Wark 72
The Liquid Room 108
The Meadows 84
The Olive Branch 96
The Pantry 91
The Queens Hall 109
The Real Mary King's Close 31
The Royal Oak 107
The Salisbury Boutique Hotel 89
The Scotch Whisky Experience 26
The Sheep Heid Inn 47, 92
The Ship on the Shore 72, 96
The Stand Comedy Club 109
The Standing Order 61
The World's End 35
The Writers' Museum 29, 80
Thistle Street 62
Tigerlily 105
Time Ball 69
Tolbooth Canongate 35
Tolbooth Kirk 26
Tolbooth South Queensferry 75
Tollcross 11, 52
Touristeninformationen 111
Tower Restaurant 50
Tramlinie 111
Traverse Theatre 53
Tron Kirk 33

U
Übernachten 86
Unabhängigkeits-Referendum 43
Urban Villages 64
Usher Hall 52

V
Valvona & Crolla 58, 91
Victoria Street 26
Voodoo Rooms 107

W
Wallace, William 21
W. Armstrongs 103
Water of Leith 10, 63
Water of Leith Walkway 11, 63
Waverley Mall 57
Waverley Station 57, 110
Wedgwood 97
West End 11
Whiski Bar & Restaurant 92, 108
Whisky 26, 98, 106
Whistlebinkies 107
Wolle 98

Y
Ye Olde Christmas Shoppe 102
Young Street 62

Z
Zucca 54

Zitatnachweis

Umschlagklappe hinten: Robert Louis Stevenson, Silverado Squatters, 1883/84, zitiert aus der Museumsschrift »Writers' Museum Edinburgh«, Edinburgh o. J.
S. 5: J. K. Rowling, zitiert nach »Explore the City of Literature on foot«, Faltblatt von Edinburgh City of Literature (Kooperation von City of Edinburgh Council, Creative Scotland, Edinburgh Inspiring Capital), Edinburgh o. J.
S. 20f.: Ian Rankin, Im Namen der Toten, Random House, New York 2009

Das Klima im Blick

Reisen bereichert und verbindet Menschen und Kulturen. Wer reist, erzeugt auch CO_2. Der Flugverkehr trägt mit bis zu 10 % zur globalen Erwärmung bei. Wer das Klima schützen will, sollte sich – wenn möglich – für eine schonendere Reiseform entscheiden oder die Projekte von atmosfair unterstützen. Flugpassagiere spenden einen kilometerabhängigen Beitrag für die von ihnen verursachten Emissionen und finanzieren damit Projekte in Entwicklungsländern, die dort den Ausstoß von Klimagasen verringern helfen (www.atmosfair.de). Auch die Mitarbeiter des DuMont Reiseverlags fliegen mit atmosfair!

Abbildungsnachweis

Matthias Eickhoff, Münster: S. 120/8
Fotolia, New York: S. 25 (f11photo); 70 (karenm9071); 24 (missgrace); 69 (pink candy); 74 (Tkaczuk)
Getty Images, München: S. 47, 76 (Blackwell); 20 (Ellinas); 120/9 (Faraone); 95 (Lonely Planet/Salter); 91 (Lonely Planet/Smith); 40 (Mellor); Umschlagklappe vorn, 16/17 (Mitchell); 98 (Moos); 108 (Ricciuti)
Glow Images, München: Umschlagklappe hinten (Imagebroker/Schubert), S. 30 (tipsimages)
Huber-Images, Garmisch-Partenkirchen: S.14/15 (Rellini)
iStockphoto, Calgary: S. 8/9 (Clerk); 39 (Shutter); 120/4 (mashuk)
Laif, Köln: S. 120/7 (Allpix/Sunset Box); 62 (Explorer/Le Floch); 107 (Haenel); 55 (hemis.fr/Spaeni); 7 (Lengemann); 64, 90, 100 (Multhaupt); 120/5 (Polaris/Lock); 26, 53 (Polaris/MacLeod); 4 o., 4 u., 59, 60, 71 (Schwelle)
Mauritius Images, Mittenwald: Titelbild, Faltplan (Age/Lyons); S. 43 (Age/Rankin); 45 (Alamy/Bird); 46 (Alamy/CCPhotography); 120/6 (Alamy/Colport); 120/2 (Alamy/Doak); 67 (Alamy/Dyson); 86 (Alamy/Finn); 49 (Alamy/FocusEurope); 38 (Alamy/Gaisford); 58 (Alamy/Gapper); 12/13, 99 (Alamy/Godet); 103 (Alamy/Kaminski); 42 (Alamy/Kilpatrick); 48 (Alamy/Largue); 101 (Alamy/Martin Thomas Photography); 27, 52 (Alamy/Mera); 89 (Alamy/neiljohn); 104 (Alamy/Roxby); 51 (Alamy/Scottish Viewpoint); 78/79 (Alamy/Setchfield); 93 (Alamy/somewhere else); 29 (Alamy/Streetlife); 84 (Alamy/Strickland); 23 (Alamy/Sutton-Hibbert); 33 (Alamy/Travelshots.com/Phipp); 34, 35 (Alamy/Wilson)
Picture-Alliance, Frankfurt a.M.: S. 120/3 (AP Photo/Pitarakis); 73 (empics/Lawson)
Thomas Stankiewicz, München: S. 37, 41, 63, 83, 96, 113
Wikimedia Commons: S. 120/1
Zeichnungen S. 2, 11, 21, 37, 49, 57, 68: Gerald Konopik, Fürstenfeldbruck
Zeichnung S.5: Antonia Selzer, Lörrach

Kartografie

DuMont Reisekartografie, Fürstenfeldbruck

Umschlagfotos

Titelbild: Die Altstadt (Old Town) von Edinburgh
Umschlagklappe hinten: Blick auf Edinburgh Castle bei Nacht

Hinweis: Autor und Verlag haben alle Informationen mit größtmöglicher Sorgfalt geprüft. Gleichwohl sind Fehler nicht vollständig auszuschließen. Alle Angaben erfolgen ohne Gewähr. Bitte schreiben Sie uns! Über Ihre Rückmeldung zum Buch und Verbesserungsvorschläge freuen sich Autor und Verlag:
DuMont Reiseverlag, Postfach 3151, 73751 Ostfildern,
info@dumontreise.de, www.dumontreise.de

FSC
www.fsc.org
MIX
Papier aus verantwortungsvollen Quellen
FSC® C124385

2., aktualisierte Auflage 2019

Autor: Matthias Eickhoff, mit Beiträgen von Susanne Tschirner
Redaktion/Lektorat: Britta Rath, Nadja Gebhardt
Bildredaktion: Stefan L. Scholtz
Grafisches Konzept: Eggers+Diaper, Potsdam
Printed in China

Kennen Sie die?

9 von 485 000 Edinburghern

Maria Stuart

Mary Queen of the Scots, Schottlands berühmteste und umstrittenste Monarchin (1542–67 Königin von Schottland), sorgte für viele Legenden und Dramen.

Ian Rankin

geb. 1960. Krimiautor, dessen spannende Rebus-Romane Edinburgh fest in der Crime-Szene verankert haben.

J. K. Rowling

Die 1965 im englischen Yate geborene Erfolgsautorin schrieb ihren ersten Harry-Potter-Roman teilweise in Edinburgher Cafés. Heute lebt sie mit ihrer Familie in der schottischen Hauptstadt.

Sir Walter Scott

Der 1771 in Edinburgh geborene schottische Romancier leitete in Schottland eine kulturelle Renaissance ein. Er starb 1832 im schottischen Abbotsford.

Nicola Sturgeon

1970 in Irvine geboren. Seit 2014 schottische Regierungschefin, will Sturgeon Schottland unabhängig machen.

Arthur Conan Doyle

Der in Edinburgh geborene Arzt und Schriftsteller Doyle (1859–1930) erfand den Meisterdetektiv Sherlock Holmes.

Sir Sean Connery

1930 geboren, wurde er vom Milchjungen im Stadtteil Fountainbridge zum geadelten Superagenten Ihrer Majestät.

Greyfriars Bobby

ein Hündchen, das angeblich 14 Jahre am Grab seines Herrchens ausharrte.

Shirley Manson

Die Leadsängerin der Rockband Garbage kam 1966 in Edinburgh zur Welt, heute lebt sie in L. A.